AI 시대의 개인정보 처리

AI문고

인공지능 시대입니다. 기계가 인간의 인지를 대신하고, 사물이 인간을 통하지 않고 다른 사물과 직접 커뮤니케이션합니다. 이에 따른 인간 삶과 문명 변화를 정확히 이해·예측·대응하는 것은 이 시대 우리 모두의 과제입니다. AI문고는 인공지능 기술과 환경의 여러 주제를 10가지 키워드로 정리합니다. 관련 개념과 이론, 학계와 산업계의 쟁점, 우리 일상의 변화를 다룹니다. 인간과 기술의 현재, 미래를 세심히 분석합니다.

일러두기

- 인명, 작품명, 저서명, 개념어 등은 한글과 함께 괄호 안에 해당 국가의 원어를 병기했습니다.
- 외래어 표기는 현행 어문규정의 외래어표기법을 따랐습니다.
- 전문용어는 표준국어대사전에 등재된 경우는 붙이되 이 외에는 맞춤법에 따라 단어별 띄어쓰기를 원칙으로 했습니다.

처음이세요?

전문가세요?

AI 시대의 개인정보 처리

이민영

대한민국, 서울, 커뮤니케이션북스, 2025

AI 시대의 개인정보 처리

지은이 이민영
펴낸이 박영률

초판 1쇄 펴낸날 2025년 3월 21일

커뮤니케이션북스(주)
출판 등록 2007년 8월 17일 제313-2007-000166호
02880 서울시 성북구 성북로 5-11
전화(02) 7474 001, 팩스(02) 736 5047
commbooks@commbooks.com
www.commbooks.com

ISBN 979-11-7307-665-7 03500

책값은 뒤표지에 표시되어 있습니다.

차례

AI, 데이터 처리의 효용과 위험 vii

01 데이터의 가치와 개인정보 1

02 AI와 개인정보 자기 결정권 9

03 AI와 「개인정보보호법」 17

04 알고리즘 규제와 데이터 27

05 프로파일링과 개인정보 39

06 딥페이크와 프라이버시 49

07 생체 인식과 개인정보 61

08 AI와 개인 위치 정보 73

09 정보 주체의 대응권 85

10 AI와 정보 보호 97

AI, 데이터 처리의 효용과 위험

인공지능(AI) 기술의 급격한 발전과 함께 AI가 야기할 수 있는 각종 부작용에 대한 국제 사회의 우려는 꾸준히 제기되어 왔다. 아돌프 히틀러(Adolf Hitler)가 이끄는 독일 나치(Nazi) 정권의 홀로코스트(holocaust, 유대인 대학살)에 대한 허위 조작 정보를 AI가 확산할 수 있다는 경고도 최근 있었다. 유네스코(UNESCO) 보고서는 AI로 인해 진실이 아니거나 사실을 호도하는 주장이 온라인으로 유포될 가능성에 주목했다. 홀로코스트를 인정하지 않으려는 자들이 AI를 악용해서 진실을 왜곡하는 콘텐츠를 의도적으로 만들거나 AI 프로그램의 자체 결함으로 가짜 뉴스(fake news)가 생성되어 거짓된 역사 인식이 팽배해질 수 있다는 지적이다. 보고서는 특히 홀로코스트에 관한, 실제와 다른 사진이나 동영상이 AI 기술로 가공될 수 있음을 강조했다. 여기서 딥페이크(deep-fake)가 문제 된다.

1939년 독일 정부는 모든 국내 거주민을 대상으로 인구 조사를 실시했다. 조사원들은 사람마다 각각의 연령,

성별, 거주지, 직업, 종교, 결혼 여부를 기록한 것은 물론이고 조부모의 인종까지 기록했다. 이 정보는 수천 명의 작업으로 천공카드에 기록되었다. 이 천공카드는 현대식 컴퓨터의 초기 버전인 홀러리스 컴퓨터에서 분류되고 계수(計數)된 것이다. 1884년 독일계 미국인 헤르만 홀러리스(Herman Hollerith)가 개발한 홀러리스 컴퓨터는 1900년대 초까지 인구 통계 자료를 처리하기 위해 미국뿐 아니라 대부분의 유럽 국가에서 사용되었다. 인구조사 정보는 나치의 관료였던 아돌프 아이히만(Adolf Eichmann)이 모든 독일 거주 유대인의 상세 신상 정보를 수록한 유대인 등록부(Jewish Registry) 제작에 활용되어 홀로코스트의 만행이 자행되었다. 개인정보 파일에 해당하는 등록부에는 독일군이 점령한 오스트리아와 체코슬로바키아에 거주하는 유대인의 개인정보도 저장되어 있었다. 국경 너머 다른 곳에서 유용하게 쓰이던 기술과 정보가 나치 제국에서는 무고한 희생자를 색출하는 범행 수단이 되었다. 개인정보 처리로 말미암아 결코 용납될 수 없는 인종 차별과 극악무도한 제노사이드(genocide, 집단 살해)의 비극이 가능했던 것이다.

데이터로 구성되는 개인정보의 처리와 AI

데이터는 AI 시스템의 구현에 필수 불가결한 원천적 요소다. AI가 출력하는 결과물을 요리로 비유하면 데이터는 음식의 재료가 되기 때문이다. 데이터는 원래 어떤 진상(眞相)에 관한 근거가 되는 자원 가운데 아직 가공되지 않은 자료를 뜻하지만, 가공된 자료인 정보를 포괄하는 광의의 개념으로 쓰인다. 데이터의 의미는 프로그램이 처리하는 모든 소재인 콘텐츠로 확장될 수도 있으며, 좁게는 처리 프로그램에서 입 · 출력되는 개체로도 파악된다. 데이터의 이동은 AI로 인해 역동적으로 진화하지만, 수집되어 이용되고 파기되는 단계까지 데이터의 순환으로 형성되는 디지털 생태계에서 데이터는 추적 가능하다. 물론 AI로 처리되는 데이터에는 특정인을 알아볼 수 있는 개인정보도 들어갈 수 있다.

데이터의 용량(volume), 처리 속도(velocity), 다양한 유형의 수(variety) 등 이른바 '3V'의 속성에 따라 방대한 자료와 정보에 적용되는 효과적 데이터 분석 기법인 빅데이터(big data) 기술은 초연결적(hyper-connected) · 초지능적(hyper-intelligent) 수준에서 나날이 고도화되고 있다. 학습 · 추론 및 인지 같은 인간의 지적 사고 능력을 네트워크로 구현하는 범용 기술(general purpose technology, GPT)인 AI가 ICBM과 융합하고 상용화되어 정보 사회 패러다임의 변곡점에 다다른 것이다. ICBM이란 사물인터넷(internet of things, IoT), 효용성 있는 데이터 프로세스 시스템인 클라우드(cloud computing), 빅 데이터(big data), 스마트 단말기처럼 데이터 교신이 항시 가능한 기계 구조인 모바일(mobile) 등 네 가지 기술 요소의 앞 글자를 묶은 축약어다. 이제 사람 중심의 창의성과 유연성이 핵심 가치로 여겨지는 지능정보사회로의 전환되면서 정보 환경은 급속한 기술적 변천을 투영하고 있다. 개인정보에 유용한 가치가 있다면 누군가 그 데이터를 탐낼 만하다.

유용한 가치를 추구하는 누군가는 특정되는 사람을 알아볼 수도 있고 그 데이터를 다른 자료와 결합하거나 가공하여 새로운 정보를 생성할 수도 있다. 특정되는 사람이 이를 원치 않더라도 말이다. 여기서 그 누군가는 국가적 차원에서 정부 기관일 수도 있고 사회적 차원에서 영리 기업일 수도 있다. 기술적 추적이 가능한 경우에 해당하더라도 이를 용인할 수 있거나 결코 거부할 수 없는 이유가 인정되려면 정당하고 합리적인 목적과 수단이 적절한 요건으로 갖춰져야 한다.

개인정보 처리에 관한 국제적 기준으로 1980년 9월

23일 경제 협력 개발 기구(Organization for Economic Cooperation and Development, OECD) 이사회가 채택한 가이드라인(Guidelines on the Protection of Privacy and Transborder Flows of Personal Information)이 규범적 의의를 갖는다. 이 가이드라인은 ① 공적·사적 영역에서 개인정보를 보호하고, ② 정보의 자유로운 이동을 촉진하며, ③ 개별 국가의 관련 법규로 인한 원활한 정보 유통의 억제를 제한하면서, ④ 각국의 관련 법규를 조화하는 데 목적이 있다. 그 본질적 핵심인 수집 제한 원칙(collection limitation principle)이 가이드라인 제7조에 제시되었다. 내용은 "개인정보의 수집은 제한되어야 한다. 어떠한 개인정보도 공정하고 합법적인 절차에 의하지 않고는 보유할 수 없으며, 적절한 경우 정보 주체에게 알리거나 동의를 얻은 후에 수집하여야 한다"이다. 따라서 개인정보의 수집에 정보 주체의 동의나 명시적인 법률의 규정이 무조건적으로 요구되는 것은 아니다. 그렇지만 정보 주체의 상황 인식과 의사 결정이 개인정보 처리를 정당화할 수 있는 중요한 준거임은 분명하다. 2011년 9월 30일 시행된 우리나라 「개인정보보호법」(이하 본문에서 '개인정보법'으로 약칭한다)도 제3조 제1항에서 "개인정보 처리자는 개인정보의 처리 목적을 명확하게 하여야 하고 그 목적에 필요한 범위에서 최소한의 개인정보만을 적법하고 정당하게 수집하여야 한다"고 수집 제한 원칙을 명문화해 '개인정보 보호 원칙'의 중대한 근본이념을 규율하고 있다.

처리 대상으로서 개인정보와 그 긴장 관계

데이터가 함유하는 개인정보를 수집하는 단계에서부터 개인정보의 처리 과정이 시작된다. 개인정보법은 제2조 제2호에서 '처리'를 '개인정보의 수집, 생성, 연계, 연동, 기록, 저장, 보유, 가공, 편집, 검색, 출력, 정정, 복구, 이용, 제공, 공개, 파기, 그 밖에 이와 유사한 행위'로 정의하고 있다. 수집은 개인정보를 입수하거나 획득하는 적극적인 행위지만, 데이터베이스와 같은 개인정보 처리자의 개인정보 파일에 개인정보가 수록됨으로써 개인정보 처리가 성립되는 출발점으로 이해된다. 즉, 처리 과정에서 생성, 연계, 연동, 기록, 저장, 보유 등의 단계를 포괄하여 개인정보의 발생을 뜻한다고 볼 수 있다. 다만 연계나 연동은 수집 이후의 처리 단계로서 공유(共有)를 포함하는 행위인 제공 개념에 해당하는 경우도 있을 것이다. 또한 개인정보법에는 수집이 아닌 다른 유사한 행위를 언급한 개별 조항이 일부 존재하지만, 개인정보 처리자의 의무가 발생하는 시점에서 규율 대상의 초점은 수집 개념에 맞춰져 있다. 개인정보법 제3조 제1항에 명시된 수집 제한에 관한 '개인정보 보호 원칙'은 그 방증이다. 한편 파기와 같은 개인정보의 소멸 단계 전까지는 수집을 제외한 활용 개념으로서 개인정보의 변경 단계로 구분될 수 있다.

그런데 개인에 관한 '모든 데이터'를 개인정보라고 본다면 수집 제한의 원칙에 따를 때 개인정보 처리는 극도로 억제될 수밖에 없다. 여기서 개인정보 처리의 정당한 목적이 인정된다면 일정한 조율이 필요할 것이다. 이른바 이익 형량의 잣대로 균형을 맞추는 방식에서 '개인에 관한' 부분에서 정보 주체의 권리 범위를 법률상 정합화하는 접근이 가능하다. 정보 주체의 권리를 어느 정도까지 보호해야 할 것인지가 일반 평균인의 눈으로 볼 때 사회적 합의로써 이루어진 적정선에 수렴되어야 한다. 추상적인 규율이지만, 해석과 적용으로 법익 교량은 구체화될 수 있다. 다른 한편에서 보면 개인정보 처리자에게 설정된 일정한 제한의 규준이 현실화되는 지점이다.

개인정보법이 규정하는 개인정보의 개념은 글로벌 스탠더드에 비추어 일반적이고 보편적인 정의라고 할 수 있다. 기본적으로 개인정보는 자연인을 '알아볼 수 있는'

정보이므로 객관적으로 특정 개인을 다른 사람과 구분하거나 구별할 수 있는, '식별 가능한' 정보가 개인정보에 해당하기 때문이다. 이는 합리적인 수준과 수단에 따라 데이터의 결합이 용이할 경우 결합되어 특정 개인을 다른 사람과 구별할 수 있다면 그 정보도 개인정보에 속한다는 취지로 이어진다. 이러한 관점에서 판례는 "「의료법」 제23조 제3항의 적용 대상이 되는 전자 의무 기록에 저장된 '개인정보'에는 환자의 이름 · 주소 · 주민 등록 번호 등과 같은 '개인 식별 정보'뿐만 아니라 환자에 대한 진단 · 치료 · 처방 등과 같이 공개로 인해 개인의 건강과 관련된 내밀한 사항 등이 알려지게 되고 그 결과 인격적 · 정신적 내면생활에 지장을 초래하거나 자유로운 사생활을 영위할 수 없게 될 위험성이 있는 의료 내용에 관한 정보도 포함된다고 새기는 것이 타당하다."라고 판단했다(대법원 2011도9538 판결).

같은 맥락에서 사물에 관한 데이터는 그 자체로 개인을 식별할 수 없다면 개인정보일 수 없지만, 쉽게 결합해 특정 개인과 연관되어 그가 식별될 수 있는 경우 사물 정보 역시 개인정보가 된다. 위치 정보 시스템이 운용되고 위치 기반 서비스가 제공되는 차량을 운행 중인 운전자의 경우 차량 데이터는 운전자의 정보와 쉽게 결합해 그를 알아볼 수 있게 하므로 개인정보에 해당한다. 아울러 애플리케이션으로 위치 서비스가 활성화된 휴대폰을 소지한 차량 탑승자의 경우 휴대폰의 이동 경로는 다른 데이터와 결합이 용이한 상황에서 그 차량뿐 아니라 탑승자의 위치도 특정할 수 있기 때문에 여기서 휴대폰에 저장된 데이터도 개인정보라고 볼 수 있다. 휴대폰 데이터와 관련해서, "오늘날 정보화의 진전에 따라 종전에 쉽게 결합할 수 없었던 정보들이 쉽게 결합되어 개인을 식별할 수 있는 자료로 작용되기에 이르렀고, 따라서 기계적인 정보라 하더라도 특정 개인에게 부여되었음이 객관적으로 명백하고, 이러한 정보를 통해 개인이 식별될 가능성이 크다면 이를 개인정보로 봄이 상당하다."라고 판시한 판결이 있다. 여기서 법원은 IMEI(international mobile equipment identity, 국제 이동 단말기기 식별 부호)나 USIM(universal subscriber identity module, 범용 가입자 식별 장치) 일련번호 정보를 가지는 휴대폰이 어느 개인의 소유로 귀속되는 순간부터 위 각 번호는 '기기나 특정 카드에 부여된 고유 번호'라는 의미 이외에 '특정 개인 누가 소유하는 휴대폰의 기기 번호 및 유심(USIM) 카드의 일련번호'라는 의미를 함께 지니게 되고, 이 각 IMEI나 USIM 일련번호는 휴대폰 가입 신청서 등 가입자

정보에 나타난 다른 정보와 쉽게 결합됨으로써 개인을 특정할 수 있게 된다는 논거에서 이들 데이터를 개인정보라고 보았다(서울중앙지방법원 2010고단5343 판결).

사물인터넷의 개념 그대로 만물이 네트워크로 연결되어 기기 상호 간의 데이터 교환이 용이해짐에 따라 데이터의 입수와 결합의 가능성이 커지고 있다. 이제 자동화된 초지능적 AI 시스템에 의해 이와 같은 연계와 연동 과정에서 개인 식별의 강도를 높이는 추적 기능의 가동은 어렵지 않다. 내밀한 개인 영역이 증강되는 기술적 위협에 노출될 위험은 그냥 둘 수 없는 문제다. 판례는 "자신에 관한 정보가 언제 누구에게 어느 범위까지 알려지고 또 이용되도록 할 것인지를 정보 주체가 스스로 결정할 수 있는 권리인 개인정보 자기 결정권의 보호 대상인 개인정보는 개인의 신체, 신념, 사회적 지위, 신분 등과 같이 개인의 인격 주체성을 특징짓는 사항으로서 개인의 동일성을 식별할 수 있게 하는 일체의 정보라 할 수 있고, 반드시 개인의 내밀한 영역에 속하는 정보에 국한되지 않고 공적 생활에서 형성되었거나 이미 공개된 개인정보까지 포함하며, 그러한 개인정보를 대상으로 한 조사 · 수집 · 보관 · 처리 · 이용 등의 행위는 모두 원칙적으로 개인정보 자기 결정권에 대한 제한이 된다."라고 해석한다(대법원 2012다49933 판결; 헌법재판소 2004헌마190 결정). 영국의 소설가 조지 오웰(George Orwell)이 1948년에 탈고한 『1984』에서 정보를 독점하고 사생활을 감시하여 사회를 통제하는 권력자가 빅 브라더(big brother)로 지칭됐으며, 이를 빗대어 이용자의 수많은 데이터를 통제하는 인터넷 서비스 기업에 빅 브라우저(big browser)라는 별칭이 붙은 것은 잘 알려진 사실이다. 빅데이터 환경에서 AI는 안전한 데이터 관리의 투명성과 신뢰성을 현격히 저해할 수 있으므로 숨 막힐 듯 옥죄어 오는 빅 브라더와 빅 브라우저의 기시감은 한층 더 뚜렷해진다. 이에 따라 개인정보에 관한 정보 주체와의 긴장 관계는 보다 첨예화된 대립각을 세울 수밖에 없다.

데이터 처리로 가능한 디지털 감시의 위협

데이터 처리가 안겨 주는 편익 못지않게 이를 둘러싸고 엄청난 위력의 위험이 개인정보의 라이프 사이클(life cycle, 생애 주기)에 잠재해 있다. 정보 사회에서 개인정보의 가치는 정보 주체에게는 인간의 존엄과 자유의 불가결한 구성 요소가 되지만, 정부나 기업에 의한 개인정보의 지배는 정보 주체를 통제하는 권력의 기초가 되기 때문이다. 사생활에 관한 데이터의 장악으로 권력적 긴장 관계에서 구축되는 효과적이고 효율적인 감시 체계가 이른바 패놉티콘(panopticon, 원형 감옥)이라는 상징적인 은유로 표현된다. 패놉티콘은 일찍이 18세기에 망원경과 비슷한 광학 기구를 지칭하는 용어에서 착안하여 제러미 벤담(Jeremy Bentham)이 고안한 건축 형태다. 그 말밑은 '다 본다(all seeing)'는 의미를 나타내는 그리스어에서 유래한다. 하지만 미셸 푸코(Michel Foucault)는 감시자가 중앙 탑에 있고 죄수들은 주위의 독방에 격리 수용되도록 구조화된 원형 감옥으로 패놉티콘을 파악하고 현대 사회의 감시적 특성을 정보적으로 재구성해 이에 관한 논의를 제기한 바 있다. 우리가 알아차리지 못한 기술과 수단으로 사생활을 추적·감시하는 사회 체제가 형성되기 때문이다. 감시를 통한 사생활 침해 요인은 우리 사회를 원형 감옥화하는 기술적 배경으로 작용하며, 인터넷과 같은 네트워크는 중앙 탑의 역할을 하게 된다(이민영, 2007).

국가를 국민의 기본적 인권을 보장하기 위해 국민의 주권을 신탁받아 권력 구조가 체계화된 공동체로 볼 때 국정 운영 목적의 재정 수입을 위한 조세 부과는 필연적이다. 이를 위해 개인의 재산 상태를 파악하고 제각기 다른 과세 표준을 기초로 한 징수 과정이 필요하다. 개인을 특정하고 그의 소득을 구분하여 산정하는 기법의 활용은 편의와 실익을 제공한다. 그래서 과세 관청은 국가 목적의 개인정보 처리에 정당한 이익을 확보한다. 그에 관한 민주적 통제를 위해 조세에 관한 법률이 마련된다. 병역 의무의 이행에도 징집 목적의 개인 분류와 특정은 불가피하고 개인정보 처리가 수반된다. 반면 영리 기업인 보험 회사나 민간 의료 법인의 경우에도 사무 운영의 정당한 목적을 위해 개별 보험 가입자나 환자의 건강 상태를 개인별로 확인하고 해당 내용을 관리한다. 이처럼 개인정보 처리의 필요성은 정보 주체인 개인에게 중요한 개인정보에 대하여 처리 목적과 합치되는 개인정보 처리자의 권한을 수긍하게 만든다. 정당한 목적의 개인정보 처리가 정당화될 수 있는 것이다. 개인정보 처리로 수렴되는 모든 업무가 정보 주체에 악영향을 주고 정보 사회에서 역기능을 실행하지는 않는다는 사실은 AI에 관한 논의에도 적용된다. 정당화 사유가 존재한다면 개인정보 처리는 그 유용성에 따라 효율적인 업무 수행의 효과성을 배가하여 오히려 개인에게 편리한 서비스를 제공하는 데 기여할 수도 있다. 그러나 이것이 전부가 아니다.

최근 국내 연구진이 AI와 CCTV(폐쇄 회로 텔레비전)

기능을 더해 범죄 위험도를 82%까지 예측하는 기술을 개발했다. AI CCTV 영상 정보와 범죄 통계 정보 및 측위(測位) 정보 등을 분석해 범죄 징후를 사전에 감지하고 발생 가능성을 예측할 수 있는 시대에 다가선 것이다. 범죄를 분석해 유사 상황을 식별하고 범죄자 행동을 추적하고 예측하는 이 시스템은 법무부 중앙관제센터나 지방자치단체의 CCTV 관제센터 등과 연계해 활용 가능한 모델이다. 미래형 첨단 사회 안전 시스템으로 한 단계 도약하는 기술적 토대의 마련으로 평가할 수 있겠지만, 범죄자가 아닌 대다수 일반인의 위치를 추적하고 그들 얼굴의 특징 분석에 영상 정보를 활용하게 되어 AI 기술로 위험이 증폭될 수 있음은 경계해야 한다. 빅 브라더와 빅 브라우저의 재현에 대한 우려를 불식할 수 있는 적정한 통제가 필요하다.

알고리즘과 블랙박스, AI의 한계와 문제점

과학적이고 경험적인 관찰과 실제의 진정한 증거가 기반이 될 때, 즉 실증적으로 확인된 사실(fact)에 대한 신뢰(trust)가 쌓이는 경우에 비로소 그와 같은 신념(faith)에 의해 진실(truth)이 형성된다. 그런데 사회 현상의 진실을 확인하기 위해 다른 사람들의 증언에 의존하는 것을 불신하는 경향의 확산이 염려되는 상황이다. 이 같은 확장적 전이는 소셜 미디어 알고리즘의 작동으로 점증한다. 데이터의 우선순위 분류 · 결정 및 필터링 등을 구현하는 프로세스에서 차별적이고 편향적인 데이터를 알고리즘이 활용함으로써 의사 결정의 왜곡이 가속화된다. 이로써 사실이 조작되고 진실이 호도될 수 있다는 우려에 그치지 않고 이 정보의 매개자로 기능하면서 사회적 합의 형성은커녕 분열과 대립만 조장할 가능성도 배제할 수 없다. AI는 인간의 행동을 똑같이 따라 하는 것처럼 이성적이고 지능적으로 작동하게끔 고안된, 컴퓨터화된 행위 모형과 사고의 처리 과정으로 구조화된 기계 장치라 할 수 있다. AI는 인조물(人造物)이지만, 학습된 데이터를 토대로 자율적으로 정보 처리를 이행한다.

원래 AI 개념은 '생각하는 기계'였지만, 이와 달리 오늘날은 '기계가 인간의 지능을 어떻게 모방하는지'에 초점을 맞추고 있다(Caldera, 2019). 그래서 사회적 위험을 충분히 방지하고 AI 활용에 대한 책임성을 보장하기 위해서는 AI 시스템의 개발과 이용이 초래하는 윤리적 · 사회적 이슈를 능동적 · 적극적 실천 과제로 논의해야 한다. 합리적인 인과 관계로 설명되지 않는 AI 시스템의 정보 처리에 투명성을 부여하는 AI의 책임성을 확보하지 않는다면, 오히려 인간은 악의적인 AI 시스템 운용에 착취되는 블랙박스(black box)로 전락할 수 있다. 그 과정에서 AI 활용에 대한 예측과 통제가 가능하지 않게 되면, 진실의 의미와 가치가 상실되는 탈진실은 고착될지도 모른다. 원래 블랙박스는 설계자의 의도와는 독립적으로 판단하는 AI가 어떻게 정보를 분류하고 선택하며 어떠한 기준으로 그 기능을 수행하는지 인간으로서는 알 수 없게 되는 문제를 가리킨다. 이로써 인간은 AI의 의사 결정 과정을 완전히 이해하지 못하고 AI의 결정이나 결과를 예측하지 못하게 된다. AI 시스템은 대부분 인간에게 기능적으로 블랙박스인 머신 러닝(machine learning, 기계 학습) · 딥 러닝(deep-learning, 심층 학습) 알고리즘을 기반으로 구축되며, AI의 투명성 결여는 법을 해석하고 적용하는 사실상 모든 영역의 인과 관계 설명에 즉각적인 위협이 된다(Chaudhary, 2024). AI의 개인정보 처리가 안전하다고 마냥 안심할 문제가 아니다.

이 책의 구성

이 책은 개인정보법의 규율 체계에 바탕을 둔 AI 이슈와 이에 따라 재구성한 주제를 다룬다. 개인정보에서 데이터의 개념과 가치에 관한 이론(1장)을 살펴보고, 판례의 입장을 토대로 개인정보 자기 결정권(2장)을 재음미한다. 이제 개인정보 처리의 법률적 의의를 분석(3장)하고 개인정보법을 재평가하여 AI 시대의 개인정보 처리에 관한 올바른 논리 구조를 가늠한다. 다음으로 AI 개인정보 처리 시스템의 기술적 기초가 되는 알고리즘(4장)과 프로파일링(5장)의 함의를 탐색한다. 이어서 사회 문제로 부각된 딥페이크(6장)와 생체 인식(7장) 그리고 위치 추적(8장)에 대하여 논의한다. 이른바 '개인정보 침해'에 관한 AI 기술의 반향을 이렇게 점검한 후에 개인정보법의 개정으로 도입된 정보 주체의 대응권(9장)을 검토한다. 마지막으로 정보보호에 의한 AI의 투명성과 안전성(10장)을 들여다본다.

참고문헌

대법원 2013.12.12. 선고 2011도9538 판결.

대법원 2014.7.24. 선고 2012다49933 판결.

서울중앙지방법원 2011.2.23. 선고 2010고단5343 판결.

서혜림(2024.6.18). 유네스코, "AI, 홀로코스트 가짜정보 퍼뜨릴 수도" 경고. ≪연합뉴스≫.

이민영(2007). 『개인정보법제론』. 진한M&B.

임효인(2024.7.18). AI CCTV로 범죄 징후 파악, 예측하는 시대 온다… ETRI '데자뷰' 개발. ≪중도일보≫.

헌법 재판소 2005.5.26.자 2004헌마190 결정.

Caldera, E.(2019). Reject the evidence of your eyes and ears: deepfakes and law of virtual replicants. *Seton Hall Law Review, 50*, pp.177-181.

Chaudhary, G.(2024). Unveiling the black box: Bringing algorithmic transparency to AI. *Masaryk University Journal of Law and Technology, 18*(1), pp.93-122.

United States Holocaust Memorial Museum. *Holocaust Encyclopedia*, https://encyclopedia.ushmm.org/content/en/article/locating-the-victims

01
데이터의 가치와 개인정보

데이터에는 개인적 가치와 경제적 가치가 경합하는 가운데 공공성 있는 사회적 가치가 중첩되어 있다. 이러한 현상을 AI 개인정보 논의의 본질적인 문제로 다룬다. 데이터의 가치와 연계되어 개인정보의 속성은 인격적 의미와 재산적 의미가 상관성을 맺고 있다. 권리 보호 관점에서 AI의 개인정보 처리에 관한 상충되는 의미를 데이터 가치에 형성된 복합적 긴장 관계의 눈으로 새겨 본다.

AI와 1인 창업?

데이터의 개인적·경제적·사회적 가치

정보 사회의 핵심적 틀은 이를 구성하는 정보의 가치와 정보 주체의 상관성에서 분석할 수 있다. 우선 정보 사회의 핵심인 정보의 가치는 크게 세 가지로 나누어 볼 수 있다. 첫째는 개인적 가치이고, 둘째는 경제적 또는 재산적 · 상업적 가치이며, 셋째는 공공적 혹은 사회적 가치가 그것이다.

정보의 개인적 가치는 정보가 특히 인격적 속성이나 사적 비밀의 성격에서 비롯되는 정보의 기밀성 관점에서 평가되며, 개인 사생활뿐만 아니라 개인적 자산 측면에서도 찾아볼 수 있다. 한편 정보의 상업적 가치는 재화로서 정보의 상품성이 강조되는 데 따른 것이며, 생산 활동에서 정보 역할의 증대도 재산적 가치의 일면으로 파악할 수 있다. 아울러 정보에는 본질적으로 사회적 가치가 내재하며, 방송과 언론의 자유나 집단적 의사 표현의 자유 혹은 정보에 대한 접근과 그 활용의 자유 등은 정보의 공공적 가치와 밀접한 관련을 맺는다. 이렇게 분류되는 정보의 개인적 · 경제적 · 사회적 가치는 각기 고유의 속성을 유지하지만, 현실에서 서로 충돌하기도 하고 융화하기도 한다. 이를테면 국가 안보를 명분으로 하는 공공적 가치나 개인의 사생활을 보호하려는 개인적 가치는 정보의 자유로운 접근과 유통을 주장하는 정보의 사회적 가치와 상충한다. 또한 정보 사회의 분석에서 현실적으로 정보가치와 정보 주체의 교차 반응이 중첩된다는 점에 유의해야 한다. 정보 가치가 증대되는 가운데 정보 주체와 서로 주고받는 영향이 중요한 정보 사회의 다면적 현상에는 주체나 객체 상호 간 정보 교류가 혼재해 사회적 역학 관계를 표출하기 때문이다.

이와 같이 세 갈래로 구분된 각각의 논의는 정보 사회로의 변모를 함유하지만, 끊임없이 변화를 추구하는 정보 사회의 기능을 다각적으로 분석하고 규범적으로 정립하는 데 한계가 있다. 데이터의 속성을 단절적으로 볼 것이 아니라 정보 가치의 복합적 특성에 유의하여 파악해야 정합성 있게 일반화할 수 있기 때문이다. 그래야만 데이터의 흐름을 간파하고 그 현상을 규율하는, 기술적 변동에 가치 중립적인 바람직한 법규의 정립과 실행이 가능하다.

물론 데이터는 항상 전유(專有)되는 것이 아니어서 정보 주체는 자신의 개인정보가 타인에 의해 활용되더라도 동시에 개인정보를 지속적으로 이용할 수 있다. 수집 단계에서부터 타인의 개인정보 처리는 정보 주체가 해당 개인정보를 보유하고 있다는 사실만으로 불가능하게 되지 않는다. 개인정보가 일반적인 물건과 다른 점이다. 반면에 정보 환경의 변천으로 인해 개인정보의 유통이 가속화되고 이러한 법률관계를 해명하는 과정에서 기존의 프라이버시 논의는 정보 주체인 개인에 관한 인격적 가치에 경도되어 있다는 비판이 설득력을 얻게 되었다. 그래서 개인정보도 경제적 가치를 띠고 있어 거래의 대상이 되고 있다는 현실적 측면을 주목하게 되었다. 이로써 개인정보의 경제적 가치에 근거한 재산권적 성격을 인정함으로써 개인정보를 정보 주체의 동의 없이 제3자에게 판매하는 경우 개인정보 처리자가 책임져야 할 불법 행위가 성립하게 된다. 이처럼 재산권의 의미를 부여하는 논리는 기본적으로 개인정보에 관한 정보 주체의 권리를 프라이버시와 같은, 인격권의 권리 주체인 그 사람에게만 인정되는 일신전속적(一身專屬的) 인격권으로 이해하지 않는다. 개인정보를 계약 자유 원칙에 따르는 거래의 대상으로 보면서 그 활용이 갖는 경제적 효용을 고려하기 때문이다. 그러나 개인정보의 합리적인 활용에 관한 최저 기준으로서 정보 주체의 권리를 보호하려는 재산권적 접근도 인격권 논의와 상반되는 다른 일면만을 강조하는 까닭에 완전한 것은 분명 아니다. 다만 복합적 성격을 아우르지 못한 그 내재적 결함에도 불구하고 변화하는 정보 환경의 중심을 올바르게 읽을 수 있는 균형된 시야를 열어 주는 데 일조했다.

AI 데이터 처리와 개인정보의 속성

이러한 논의는 정보에 경제적 가치가 있다거나 혹은 정보의 활용을 통해 재산적 가치를 얻을 수 있다는 점을 전제로 하여 정보의 법적 귀속 관계를 살펴보는 입장이다. 이로써 개인정보에 관한 권리 침해의 법률관계를 사적 자치의 원칙에 터 잡아 재산권에 대한 불법 행위 책임을 중심으로 접근하게 된다. 그러나 동산 소유자는 자신의 물건을 자유롭게 처분할 권능을 인정받으며, 처분하는 경우 소유권을 이전할 때 동산인 물건을 거래의 상대방에게 인도함으로써 점유를 잃게 된다. 이와 달리 정보 주체는 개인정보를 전유하지도 못하고 처분할 수도 없는 까닭에 소유권에 기한 법률관계를 맺는다고도 볼 수 없다. 재산권적 시각에 바탕을 둔 계약법적 논의는 자기 통제나 자기 결정을 통해 정보 주체 스스로 데이터 처리 여부를 선택할 수 있는 권리 주체로서의 지위를 확인해 준다는 점에서 매우 중요하다. 다만 개인정보에 관한 정보 주체의 권리에서 인격권적 의미가 부정될 수는 없다.

고객이 통장을 개설함으로써 은행에 예금을 맡기는

경우 금융 거래 계약에 따라 은행은 고객의 예금을 적절히 관리해야 하는바, 고객의 동의에 따른 입금 처리는 승낙받은 거래 요건에 따라 유동 자금의 투자에 활용될 수 있다. 이처럼 금융 거래의 대상인 예금이 고객의 재산임은 분명하다. 그러나 한편으로는 은행의 자산을 구성한다. 정보 주체의 개인정보를 입금 처리되는 고객의 예금과 같은 것으로 본다면 개인정보는 개인의 전유물은 아니지만 마땅히 보호해야 할 재산권의 객체로 이해할 수 있다. 다만 금융 거래에서 예금은 본질적인 필수 요소에 해당하는 반면, 가령 온라인 회원 가입에 요구되는 개인정보의 경우 소셜 네트워크 서비스(SNS) 앱(App)이나 포털 웹사이트 서비스에 필요한 정보라 해도 그 자체로 서비스 구동 목적에 본질적인 필수 요소라고 단정할 수 없다. 또한 개인정보에 관한 권리에는 재산권으로 설명할 수 없는 인격적 가치가 존재한다. 이러한 인격적 가치는 개인의 명예나 사생활의 비밀과 같이 인격권의 대상으로 포섭할 수 있다. 요컨대 개인정보에는 재산적 · 경제적 의미와 공공적 · 사회적 가치로 인정되는 요소가 있지만 그 권리의 본질은 정보 주체가 보장받아야 할 인격적 가치에 중점이 있다.

비유컨대, 워터 파크 이용 계약을 개인정보 처리와 비

교할 수 있다. 개인은 자신의 신발과 옷을 운영자가 관리하는 보관함에 담아 두게 되는데, 운영자는 개인 소지품의 구별을 위해 개인을 인식할 수 있도록 보관함에 고유번호를 사전에 부여한다. 보관함의 물건은 개인 소유지만, 운영자가 안전하게 관리해야 한다. 보관함의 고유번호 자체로 내용물이 드러나고 개인이 특정되지는 않지만, 운영자는 관리상 필요한 마스터키를 통해 개인을 식별할 수 있다. 운영자가 관리 책임을 벗어나 고객 물품을 거래하여 불법 유통하면 안 되지만, 무형의 개인정보는 물리적으로 점유가 이전되지 않는다. 이 경우 개인 소지품은 데이터에 해당하지만 개인을 식별할 수 있는 개인정보라고 볼 수는 없다. 신발과 옷 자체만으로는 개인을 알아볼 수 없기 때문이다. 결정적으로 신발과 옷 안에 넣어 둔 지갑 속 신분증이나 휴대폰의 데이터를 통해 개인이 인식될 수 있다. 이와 같은 정보는 운영자가 부여한 고유 번호와 결합되어 개인을 구별할 수 있게 한다. 그런데 이러한 개인의 특정은 신발과 옷, 지갑, 휴대폰 등 물질적인 재화(財貨)가 갖는 재산적 속성만으로 설명될 수 없다. 이들 물건이 개인의 고유한 신원(身元)을 나타내는 정보이며, 그의 인격적 가치를 포함하기 때문이다.

요컨대 데이터는 정보 산업의 원천이 되므로 사생활

에 관한 인격적 가치에 기초한 개인정보의 속성을 단편적으로 이해하면 안 된다. 데이터에 관한 법적 대응의 마련에서 정보의 활용과 유통으로 발생하는 경제적 편익을 마땅히 고려해야 한다. 따라서 개인의 정보 접근 가능성을 높여 주고 필요한 데이터를 취사선택할 수 있는 기회를 제공하는 정보 사회의 산업적 측면을 간과하지 않아야 한다. 이렇게 경제적 · 사회적 관점의 가치가 인격적 의미를 포함하는 데이터의 개인적 가치와 균형 있게 조망되어야 AI 정보 환경에 적절하게 능동적으로 대처할 수 있기 때문이다.

참고문헌

전석호(1999). 『정보사회론』. 나남.

Malgieri, G. & Custers, B.(2018). Pricing privacy: the right to know the value of your personal data. *Computer Law & Security Review, 34*, pp.289–303.

02
AI와 개인정보 자기 결정권

개인정보 자기 결정권은 개인정보에 관한 정보 주체가 누리는 기본적 인권으로서, 헌법재판소가 명명한 용어다. 일반적으로 프라이버시라고 일컫는 사생활의 비밀과 자유는 '홀로 있을 권리'로 표현된다. 본질적으로 개인정보 자기 결정권에 함축된 개념적 의의에 주목해야 한다. AI 기술이 적용되는 개인정보 처리에 관한 규율 방안은 이와 같은 관점에서 재론되어야 할 문제다.

AI와 MBTI?

AI의 책임과 개인정보 자기 결정권의 보호

AI는 고정된 프레임에서 가동되는 단계를 뛰어넘어 스스로 데이터를 입력하고 자체적으로 사고 기능을 실행하는 지능 시스템으로 발전할 것이라고 전망되어 왔다. 센서나 컴퓨터를 통해 변환된 데이터가 사물과 사람의 네트워킹으로 상호 연동하는 '사람 · 사물인터넷(Internet of Things and Humans, IoTH)'으로 AI가 발전하리라는 예측은 이미 현실화되고 있다. 그러나 새로운 처리 기술과 대용량 데이터의 급증으로 다양한 개인정보가 실시간 유용하고 용이하게 처리되는 반면, 데이터의 집적으로 개인정보가 분석 · 추적되어 접속된 다른 단말기나 잠재된 다른 이용자와 공유될 뿐만 아니라 개인의 일상과 사사(私事)가 들춰질 수 있게 되었다(Maras, 2015). 기기 상호 간 통신 교류와 정보 교환이 부지불식간에 자동적으로 실행되며, 정보 주체인 이용자의 자주적 개인정보 처리 제어가 불가능에 가까운 상황에서 데이터의 분실 · 도난 · 유출로 인해 대규모의 피해가 발생할 수도 있다. 인간 지성(human mentality)을 대체할 수 있는 AI의 자율성 범위, 즉 판단의 범주와 책임의 소재에 관한 사회적 합의의 도출과 규제 제도의 재정비는 충분하지 못한 상황이다.

AI 개발자는 AI 시스템의 구동 방식을 정확히 설명하기 어려우며, 내부 동작을 완전히 이해하지 못함으로써 투명성의 부족이 문제 되기 쉽다. 알고리즘 투명성이 미흡함으로 인해 예측할 수 없는 AI 시스템의 산출 결과는 이용자의 신뢰를 손상하며, 데이터 기반 학습의 한계에 기인하여 교정될 수 없는 AI의 편향적 의사 결정은 사회적 불평등을 증폭할 수 있다. 이처럼 기술의 오남용에 따라 해킹과 같은 외부 공격에 취약한 공개된 정보가 악의적으로 이용되고 AI에 대한 이용자의 불신이 가속화될 가능성이 크다. 이와 같은 법적 문제의 해소에 이르기 위한 지향점으로서 AI의 안전성과 투명성 확보가 필요하다(Bodimani, 2024). 알고리즘 투명성은 AI 시스템의 공정성과 비차별성을 견지하여 AI의 책임성을 관철하기 위해 요구된다. 책임성의 중요한 기본 요소인 공평성은 투명한 알고리즘으로 실현되는 AI의 핵심 요건이기 때문이다. 결정적으로 AI의 투명성 확보를 위해 AI 알고리즘의 작동 원리와 결정 구조를 알지 못하면 AI의 오류나 공격을 분별도 통제도 할 수 없게 된다. 그러므로 AI 알고리즘을 설명할 수 있는 해석 가능한 AI 모델 설계의 당위성을 규범화해야 한다(Chaudhary, 2024).

자연어로 질문을 받으면 AI도 자연어로 대답한다. 자

연어를 이해하고 관련된 데이터를 탐색한다는 측면에서 빅 데이터가 활용되고 결과를 도출하는 과정에서 AI 기술이 적용되는 것이다. 자율 주행 자동차도 마찬가지다. 도로나 그 주변 상황에 관한 수많은 데이터를 수집 · 분석할 수 있어야만 구현이 가능하기 때문이다. 물론 이러한 데이터를 획득하고 학습해 자율 주행 자동차를 제어하는 시스템은 AI 기술로써 운용된다.

결국엔 이런 물음이 남는다. 즉, AI 개발을 위해 AI의 학습에 필요한 데이터가 존재하는지, 존재한다면 학습에 필요한 데이터 활용이 현행법상 가능한지, 가능하다면 그 데이터가 AI 정보 환경의 현실을 반영하고 설명할 수 있는지 등이 그것이다. 생성형 AI에서 학습 재료인 데이터가 시스템 운영의 핵심이 되고 그 가운데 개인정보가 활용 가치 높은 데이터로 인정받는다. 요컨대 빅 데이터를 구성하는 개인정보를 AI 기술로 처리할 수 있는지 여부가 AI 시스템의 서비스 품질을 좌우하는 핵심 과제다.

다른 한편으로는 비약적인 처리 기술의 발전에 따라 개인정보의 수집 · 활용이 보다 용이해진 까닭에 AI 개인정보 처리의 안전성과 신뢰성 위협에 대한 적정한 책임을 부담토록 하는 방안을 강구해야 한다. 처리되는 정보의 가치에 대한 입장 차이에 따라 데이터에 관한 이해관계가 이익 충돌로 엮일 수 있는 긴장 관계가 엿보인다. 그 중심에 개인정보 자기 결정권이 있다.

개인정보 자기 결정권의 인간 존엄적 가치

개인정보 자기 결정권은 자신에 관한 정보가 언제 누구에게 어느 범위까지 알려지고 또 이용되도록 할 것인지를 그 정보 주체가 스스로 결정할 수 있는 권리다. 즉, 정보 주체가 개인정보의 공개와 이용 여부 등을 스스로 결정해 그 처리를 통제할 수 있는 권능을 말한다. 개인정보 자기 결정권의 보호 대상이 되는 개인정보는 개인의 신체, 신념, 사회적 지위, 신분 등과 같이 개인의 인격 주체성을 특징짓는 사항으로서 그 개인의 동일성을 확인함으로써 특정 개인을 식별할 수 있게 하는 일체의 정보라고 할 수 있다. 다만 이러한 정보는 반드시 개인의 내밀한 영역이나 사사(私事)에 국한되지 않고 공적 생활에서 형성되었거나 이미 공개된 개인정보까지 포함한다. 또한 그러한 개인정보를 대상으로 한 조사 · 수집 · 보관 · 이용 등의 처리 행위는 모두 원칙적으로 개인정보 자기 결정권에 대한 제한에 해당한다(헌법재판소 2004헌마190 결정).

일반적으로는 「대한민국헌법」 제17조에 따른 '사생활의 비밀과 자유'의 불가침에 따라 개인정보에 관한 정보 주체의 권리가 헌법적으로 인정된다고 보며, 자신의 정보를 관리하고 통제할 수 있는 권리로서 자기 정보에 대한 자율적 결정권이 도출된다고 본다. 그 연원(淵源)은 일정한 범위 내에서 자신에 관한 정보를 제공할 것인가를 자주적으로 결정할 권능이 인간에 대한 존중과 인격의 자유로운 전개에서 비롯된다고 본 1984년 독일 연방헌법재판소의 인구 조사 결정(BVerfGE 65, 1)이라 할 수 있다. 여기서 이와 같은 권능에 대한 법적 보호의 필요성에 따라 기본적 인권의 하나로 인정된 개념이 '정보 자기 결정권(recht auf informationelle Selbstbestimmung)'이다. 그리고 영미법상 보통법(common law)에서 보호되는 '프라이버시(privacy)' 가운데, 자신에 관한 정보가 언제 · 어떻게 그리고 어느 범위까지 타인에게 전달되고 활용될 수 있는지를 정보 주체가 스스로 결정할 수 있는 능동적 요소를 뜻하는 '정보프라이버시(information privacy)'도 실질적으로 같은 의미를 갖는다.

결국 헌법 이론상 일반적 인격권 또는 프라이버시로부터 도출되는 개인정보 자기 결정권 개념은 대표적으로 기본적 인권의 하나인 우리 헌법 제17조의 '사생활의 비밀과 자유'에서 근원을 찾을 수 있다. 물론 그 핵심은 "모든 국민은 인간으로서의 존엄과 가치를 가지며, 행복을 추구할 권리를 가진다. 국가는 개인이 가지는 불가침의 기본적 인권을 확인하고 이를 보장할 의무를 진다."라는 헌법 제10조의 인간 존엄성이라 할 수 있다. 그렇지만 이제는 개인정보의 재산적 가치에 중점을 두는 관점도 일면 유의미하다는 점에 유의해야 한다. 이익 충돌의 긴장 관계는 데이터의 가치와 개인정보의 속성 그리고 개인정보에 관한 권리의 의미로 확인될 수 있는 이해관계에서 발견할 수 있다.

참고문헌

헌법 재판소 2005. 5.26.자 2004헌마190 결정.

Bodimani, M.(2024). Assessing the impact of transparent AI systems in enhancing user trust and privacy. *Journal of Science & Technology, 5*(1), pp.53-54.

Chaudhary, G.(2024). Unveiling the black box: Bringing algorithmic transparency to AI. *Masaryk University Journal of Law and Technology, 18*(1), pp.93-94.

Maras, M.(2015). Internet of things: Security and privacy implications. *International Data Privacy Law, 5*(2), pp.102-103.

03
AI와 「개인정보보호법」

현행 「개인정보보호법」은 개인정보에 관한 기본법이며, 개인정보에 관한 일반법이다. AI 문제에 대한 법 적용에서 해석적 기준이 되는 원칙과 요건을 「개인정보보호법」에서 정한 일반 규정으로 확인한다. 다만 AI 시대 개인정보 처리에 관한 규율이 적절한 규제와 통제의 적합성을 확보할 수 있도록 특히 AI 학습에 활용되는 공개된 데이터의 수집 · 이용 및 제공에 관한 쟁점을 검토한다.

AI와 난임 극복?

개인정보법의 목적과 대법원의 해석·적용

개인정보법은 '개인정보의 처리 및 보호에 관한 사항을 정함으로써 개인의 자유와 권리를 보호하고, 나아가 개인의 존엄과 가치를 구현함'을 목적으로 한다. 그런데 2011년 3월 29일 제정 당시 개인정보법의 입법 목적을 명시한 제1조는 "이 법은 개인정보의 수집 · 유출 · 오용 · 남용으로부터 사생활의 비밀 등을 보호함으로써 국민의 권리와 이익을 증진하고, 나아가 개인의 존엄과 가치를 구현하기 위하여 개인정보 처리에 관한 사항을 규정함을 목적으로 한다"로 규정되어 있었다. 개인정보의 영역이 사생활권으로 보호되는 프라이버시의 범주와 완전히 일치하지 않기 때문이다.

법률의 목적 조항이 개정되는 일은 흔치 않지만, 이처럼 2014년 3월 24일 개정된 개인정보법에서는 '개인정보의 처리에 관한 개인의 자유와 권리' 보호에 그 취지가 있음을 천명한 것이다. 사생활권 관점에서 개인정보를 규율해야 할 필요성과 필연성은 두 영역이 중첩되는 범위에서 개인정보법에 포섭된다고 해석할 수 있지만, '사생활의 비밀 등을 보호함으로써'라는 내용에서 '등'이라는 의존명사가 포함되어 있으므로 목적 조항의 의미가 변경되었다고 보기는 어렵다.

사안은 법률 정보 제공 사이트를 운영하는 주식회사 B가 모(某) 대학 법학과 교수인 A의 사진, 성명, 성별, 출생 연도, 직업, 직장, 학력, 경력 등의 개인정보를 대학 학과 홈페이지 등을 통해 수집해 위 사이트 내 '법조인' 항목에서 유료로 제공한 경우다. 대법원은 B가 영리 목적으로 A의 개인정보를 수집해 제3자에게 제공했더라도 이로써 얻을 수 있는 법적 이익이 정보 처리를 막음으로써 얻을 수 있는 정보 주체 A의 인격적 법익에 비하여 우월하므로, B의 행위를 A의 개인정보 자기 결정권을 침해하는 위법한 것으로 평가할 수 없고, B가 A의 개인정보를 수집해 제3자에 제공한 행위는 A의 동의가 있었다고 객관적으로 인정되는 범위 내이고, B에 영리 목적이 있었다고 하여 달리 볼 수 없으므로, B가 A의 별도 동의를 받지 않았다고 하여 개인정보법 제15조나 제17조를 위반했다고 볼 수 없다고 판단했다(대법원 2014다235080 판결). 여기서 개인정보 처리의 핵심인 수집 · 이용 및 제공에 관한 개인정보법 제15조 · 제17조 · 제18조의 해석이 요구된다.

개인정보의 수집과 이용에 관한 개인정보법 제15조 제1항에 따라 개인정보 처리자는 ① 정보 주체의 동의를 받은 경우 또는 이에 상응하는 경우에는 개인정보를 수집할 수 있으며, 그 수집 목적의 범위에서 개인정보를 이용할 수 있다. 그리고 제2호에서 제6호까지 동의 획득에 준하는 경우로 ② 법률에 특별한 규정이 있거나 법령상 의무를 준수하기 위하여 불가피한 경우, ③ 공공기관이 법령 등에서 정하는 소관 업무의 수행을 위하여 불가피한 경우, ④ 정보 주체와의 계약의 체결 및 이행을 위하여 불가피하게 필요한 경우, ⑤ 명백히 정보 주체 또는 제3자의 급박한 생명, 신체, 재산의 이익을 위하여 필요하다고 인정되는 경우(정보 주체 또는 그 법정 대리인이 의사 표시를 할 수 없는 상태에 있거나 주소 불명 등으로 사전 동의를 받을 수 없는 경우에 한한다), ⑥ 개인정보 처리자의 정당한 이익을 달성하기 위하여 필요한 경우로서 명백하게 정보 주체의 권리보다 우선하는 경우(이 경우 개인정보 처리자의 정당한 이익과 상당한 관련이 있고 합리적인 범위를 초과하지 아니하는 경우에 한한다)를 명시하고 있다. 사안에서는 동의 없이 공개된 개인정보를 수집한 행위의 위법 여부가 우선적으로 문제된다. 공개된 개인정보는 정보 주체 이외로부터 수집한 개인정보에 해당하므로 이를 처리하려면 개인정보법 제20조에 따라 정보 주체의 요구가 있는 경우 ① 개인정보의 수집 출처, ② 개인정보의 처리 목적, ③ 개인정보의 처리 정지를 요구할 권리가 있다는 사실 등을 모두 정보 주체에게 즉시 통지해야 한다. 개인정보법 제15조 제1항 제1호 및 제2항에 따라 ① 개인정보의 수집·이용 목적, ② 수집하려는 개인정보의 항목, ③ 개인정보의 보유 및 이용 기간, ④ 동의를 거부할 권리가 있다는 사실 및 동의 거부에 따른 불이익이 있는 경우에는 그 불이익의 내용 등을 모두 정보 주체에게 고지하고 동의를 얻음으로써 개인정보의 수집 목적 범위에서 개인정보를 이용할 수 있는 경우와는 다르다. 일정 기준의 개인정보 처리자에 해당하지 않는 한 공개된 개인정보의 처리에 관한 통지는 정보 주체가 원하는 경우에만 이행 의무 대상이 되며, 이를 위반하면 3000만 원 이하의 과태료가 부과된다. 그런데 제15조 제1항이나 제2항을 위반하여 개인정보를 수집하는 경우에 가능한 개인정보법상 제재는 영리 목적의 개인정보 처리자에 대하여 일정한 매출액을 기준으로 산정된 과징금의 부과뿐이다.

공개된 개인정보를 처리할 때 필요한 원칙

AI 시스템에는 머신 러닝과 딥 러닝을 위한 학습용 데이터의 확보가 필수적이다. 특히 빅 데이터로 공개된 개인정보는 대량으로 AI 기술에 활용된다. 개인정보 처리자

입장에서는 공개된 개인정보가 발견되면 일응(一應: 한편으로는) 개인정보가 성립되는 단계에 해당하여 정보 주체 이외의 출처가 존재하므로 동의 없이 수집할 수 있다고 여길 수도 있다. 개인정보의 이용은 수집을 전제로 하므로 수집 범위 안에서 이용이 가능하다는 해석도 가능하다. 개인정보 수집 목적 범위에서 개인정보 이용의 적법 요건이 실효성 있게 규율되지 않은 현행법의 체계와 내용을 공개된 개인정보는 아무런 제약 없이 처리될 수 있다는 취지로 해석한다면 입법 목적과의 정합성은 결코 유지될 수 없다.

공개된 개인정보에 대하여 "개인정보 처리자가 정보 주체 이외로부터 수집한 개인정보를 처리하는 때에는 정보 주체의 요구가 있으면 즉시 다음 각 호의 모든 사항을 정보 주체에게 알려야 한다."라는 개인정보법 제20조 제1항을 적용할 때 '정보 주체 이외로부터 수집한 개인정보'에 대한 정보 주체의 수집 동의는 실익을 갖지 못한다. 그렇지만 동의 획득이 아닌 다른 적법 요건인 개인정보법 제15조 제1항 제2호에서 제6호까지는 동의를 얻는 경우가 아니지만 이에 준하는 경우다. 그래서 이들 경우에도 개인정보를 수집하거나 그 수집 목적의 범위에서 개인정보를 이용할 수 있다. 이러한 처리 대상인 개인정보에 문언상 공개된 개인정보와 같이 정보 주체 이외로부터 수집한 개인정보가 배제되는 사항이 아니다. 개인정보법 제15조 제1항 제2항에 따라 정보 주체에게 법정사항 네 가지를 고지하고 동의를 얻지 않는 경우라도 그 수집 · 이용에 대한 제재가 없음은 공개된 개인정보의 통지와 비교된다.

나아가 수집에 이어 개인정보 처리에서 제공 단계에서도 문제가 있다. 공개된 개인정보의 수집 단계에서 개인정보의 처리 목적과 개인정보의 처리 정지를 요구할 권리가 있다는 사실을 알려야 함은 수집 이후 이용 및 제공 등 개인정보 처리의 제어 목적을 전제한 것이라 하겠다. 이와 같이 본다면 개인정보의 제공에 관한 개인정보법 제17조 제1항 제2호가 공개된 개인정보를 규율한다고 이해함이 타당하다. 개인정보법 제17조 제1항 제2호는 "개인정보 처리자는 다음 각 호의 어느 하나에 해당되는 경우에는 정보 주체의 개인정보를 제3자에게 제공(공유를 포함한다. 이하 같다)할 수 있다."라고 규정하면서 각 호에 명시된 사항에는 제15조 제1항 제4호가 포함되어 있지 않다. 따라서 '정보 주체와의 계약의 체결 및 이행을 위하여 불가피하게 필요한 경우'에는 수집 목적 범위라 해도 개인정보를 제3자에게 제공할 수 없으며,

이는 공개된 개인정보에도 적용되어야 한다. 법원이 판시한 바대로 영리 목적이라 해서 해당 개인정보 처리가 무조건 불법 행위라고 단정할 수 없지만, 이른바 개인정보 판매는 인정될 수 없다. 최소한 정보 주체의 동의가 필요한 대목이다.

개인정보법도 제71조 제1항 제1호에서 제17조 제1항 제2호에 해당하지 아니함에도 같은 항 제1호를 위반하여 정보 주체의 동의를 받지 아니하고 개인정보를 제3자에게 제공한 자 및 그 사정을 알면서도 개인정보를 제공받은 자는 5년 이하의 징역 또는 5000만 원 이하의 벌금에 처하도록 규정하고 있다. 사실상 정보 주체의 동의 없이 수집한 개인정보에 대하여 개인정보법의 적법 요건이 충족되지 않는 경우 원칙적으로 수집 단계에서 규제하지 않는 이유는 개인정보 처리가 수집 외 활용 단계에 그 의미가 집중되기 때문이다. 반면에 수집 없이는 개인정보의 활용이 불가능하다는 점도 충분히 고려해야 한다. 동의를 받지 않고 '정보 주체와의 계약의 체결 및 이행을 위하여 불가피하게 필요한 경우' 공개된 개인정보를 제공할 때에 공개된 개인정보이므로 동의가 필요하지 않다는 까닭으로 처벌 대상에서 제외하는 논리 구성은 가능하다.

이러한 해석과 달리 공개된 개인정보를 '정보 주체와의 계약의 체결 및 이행을 위하여 불가피하게 필요한 경우'에 제공할 수 있기 위한 적법 요건으로 정보 주체의 동의가 아닌 통지 의무를 부과하고 그 위반 시 제재할 수 있게 규율하는 입법론도 필요할 것이다. 그 연장선에서 공개된 개인정보의 처리를 정당화할 수 있는 적법 요건 규정을 개인정보법 제15조 제1항 각 호에 추가하여 제17조 제1항 제2호와 연동하는 정책 방안의 수렴은 AI 학습에 필요한 '공개된 개인정보' 처리 기준의 핵심이 될 것이다.

참고문헌

대법원 2016.8.17. 선고 2014다235080 판결.

04
알고리즘 규제와 데이터

AI 시스템의 데이터 프로세스 모델로서 알고리즘은 AI 기술의 핵심적인 논리 체계이면서 투명성 논란의 중심에 있다. 생성형 AI에서 알고리즘은 환각 현상인 할루시네이션을 발생시키므로 데이터 처리 규제의 필요성을 강화한다. 알고리즘의 한계에 대한 적절한 기술적 보완책은 할루시네이션으로 인해 보안이 취약해지고 데이터 유출이 심화하는 현상을 제어하는 데 필요하다.

AI와 사주?

알고리즘의 개념 정의와 규제의 필요성

알고리즘(algorithm)은 '특정한 목표를 달성하는 데 필요한 명령과 규칙의 집합'을 말한다. 일반적으로 알고리즘은 입력을 받아 상태의 변화를 수반하는 몇 단계의 절차를 거친 후에 출력을 만들어 낸다. 느슨하게 비유하자면 데이터는 음식의 재료이고 알고리즘은 레시피(recipe, 요리법)에 해당한다. 요구받은 결괏값을 산출하도록 사전에 잘 정의되어 구조화된 계산 절차인 알고리즘은 데이터 처리 이전에 설계된 순차적 명령대로 작동하여 결과물을 제공한다. 알고리즘은 9세기경 아라비아 숫자의 산술 연산을 위한 집합적 규칙을 창안했던 페르시아 수학자 알콰리즈미(Abu Abdullah Muhammad ibn-Mūsā al-Khwārizmī)의 이름에서 유래한다.

일반화된 개념으로서 어떤 과업을 수행하는 규칙적인 절차나 방법을 뜻하게 된 알고리즘은 논리(logic)와 통제(control)라는 두 가지 요소로 구성된다. 논리는 문제 해결 지식이고 통제는 문제 해결 전략이다. 그리고 알고리즘을 컴퓨터 언어로 표현한 것을 프로그램이라고 부른다. 최근 대규모 언어 모델과 같이 진화하는 알고리즘은 정의된 명령에 의해서만 작동하지 않는다. 이용자와의 상호 작용 속에서 알고리즘이 학습 과정에서 수정될 수도 있기 때문이다. 그렇지만 현재로서는 알고리즘은 AI 시스템 개발자가 활용하는 데이터와 개발자의 판단에 의존하여 영향을 받는 제한적인 수준에 있다. 설계 당시 데이터에 포함될 수 있는 오류나 편향성을 근본적으로 해결할 수 없는 상황에서 AI 알고리즘의 공정성과 신뢰성 문제는 심각한 이슈가 될 수밖에 없다.

AI 시스템을 구성하는 알고리즘은 검색 알고리즘과 머신 러닝(machine-learning, 기계 학습) 알고리즘 그리고 딥 러닝(deep-learning, 심층 학습) 알고리즘으로 구분할 수 있다. 기계 학습은 통계적인 접근 방식을 통해 데이터로부터 AI 모델을 학습시킨다. 기계 학습 범주의 다양한 알고리즘을 통해 데이터의 관계에 대한 이해를 높이고 의사를 결정하며 데이터를 바탕으로 예측과 추론의 기능을 수행한다. 여기에는 강화 학습(reinforcement learning)이 포함된다. 강화 학습뿐만 아니라 서로 다른 구성 요소로 엮인 개별 지능형 층(layer)을 가진 인공 신경망을 사용한다. 이를 활용하여 특화된 문제를 해결하는 심층 학습은 기계 학습에서 비롯된 것으로 공간 추론과 같이 더 광범위한 접근 방식과 알고리즘을 포괄한다(Hurbans, 2021).

확률적 앵무새가 낳는 AI의 할루시네이션

기계 학습에서 생성형 AI(generative AI)를 구성하는 거대 언어 모델(large language model, LLM)은 그럴듯한 언어를 생성할 수 있지만, 스스로 처리하는 언어의 의미를 이해하지 못하기도 한다. 이때 AI는 '확률적 앵무새(stochastic parrot)'로 비유된다. 생성형 AI는 입력된 데이터의 확률 분포 추정을 통해 유사한 특징을 갖는 새로운 데이터를 출력하는 AI를 말한다. AI는 '외부 데이터를 올바르게 해석하고 이러한 데이터에서 학습하고 이 학습을 활용하여 유연한 적응을 통해 특정 목표를 달성하는 시스템의 능력'으로 정의할 수 있지만, 생성형 AI가 실제로 인간과 유사한 언어 이해력을 발휘하는지에는 의문이 있다. 현실적이지만 사실이 아닌 가상의 콘텐츠를 생성형 AI가 만들어 낼 때 나타나는 할루시네이션(hallucination, 환각)이 일반적인 현상으로 거론되는 것도 유력한 논거가 된다. 학습된 결과물과 유사한 결과물을 산출하는 언어 모델에 불과한 LLM으로 구성되는 생성형 AI가 오류나 허위의 정보를 쏟아 내는 할루시네이션은 현재로서는 필연적이라고 말할 수 있기 때문이다(Alkaissi & McFarlane, 2023). 그래서 방대한 온라인 데이터에 훈련된 '확률적 앵무새'일 뿐인 AI에 대하여 신뢰성 · 공정성 및 투명성에 관한 경고가 지속되어 온 것이다. 결괏값은 실제 이해나 추론이 아니라 훈련 데이터나 그 패턴의 반복에 의한 것 정도로 여겨질 수도 있다. 겉보기에 일관된 것처럼 보이는 편견의 혼재는 자동화 편향 및 고의적 오용 그리고 지배적 세계관의 증폭 가능성의 강도를 높인다(Bender et al., 2021).

일례로 생성형 AI인 '제미나이(Gemini)'를 탑재한 구글의 새로운 검색 엔진 'AI 오버뷰(AI Overview)'는 사용자의 다소 엉뚱한 질문에 황당한 답변을 내놓았다. 엑스(X, 옛 트위터) 등 사회 관계망 서비스(SNS)에서는 "사람은 하루에 얼마나 많은 돌을 먹어야 할까요?"라고 묻자 AI 오버뷰가 "UC버클리 지질학자들에 따르면 하루 최소 하나의 작은 돌을 먹어야 합니다."라고 대답하는 사례가 연달아 올라오며 논란이 되었다. 이런 오류가 알려지고 비판과 혹평이 이어지자 구글은 결국 AI 오버뷰를 출시한 지 2주 만에 서비스를 축소한다고 발표했다.

오픈AI(OpenAI)가 개발한 생성형 AI인 챗GPT(Chat GPT)의 경우 LLM과의 상호 작용으로 콘텐츠를 생성하는 대화형 챗봇 서비스이며, 사전 학습된(pre-trained) 기반 모델을 통해 사람의 피드백에 따른 강화 학습으로 미세 조정된다. 챗GPT는 기본적으로 익숙한 주제에 대한 짧은 에세이를 쓰고 제공된 텍스트를 검토하는 것과 같이 일반적인 작업을 수행하거나 학문적인 글쓰기의 보조 도구로 활용되기도 한다. 그런데 이 보조 도구는 대부분의 글쓰기에서 신뢰할 만하거나 충분히 논리적인 답변을 제공하지 않으면서도 정답을 내놓은 것으로 가장한다. 챗GPT는 실제 상호 작용하는 대신 지시 사항을 따르는 경향이 있다. 때문에 사용자가 제공한 정보가 충분치 않은 경우 사용자가 듣고 싶어 할 것으로 예상되는 답변을 제공하기 쉽다. 그래서 명확한 질문을 되묻는 대신 가정에 기초하여 확인되지 않은 응답을 제시할 수도 있다(Scott, 2024). LLM은 마치 맥락을 이해하는 듯 보이지만, 실제로는 항상 사실에 기반하는 것이 아니고 틀린 답이라도 '가장 그럴듯해 보이게 작성'하도록 학습되어 있다. 챗GPT는 종종 관련성은 있지만 실제 존재하지 않는 학술 도서 목록을 생성한다. 이러한 양상은 '인공 환각(artificial hallucination)'으로 묘사된다. 그 원인은 생성형 AI의 정보 생성 과정이 확인되지 않는다는 LLM의 치명적인 잠재적 결점에 있다(Alkaissi & McFarlane, 2023).

데이터 과학자들은 이 같은 문제가 할루시네이션과 '확률적 앵무새' 작용의 결과라고 주장한다. 할루시네이션은 LLM이 진정한 맥락적 이해가 아니라 학습 데이터로 축적된 편향적인 내부 논리나 패턴에 근거하여 텍스트를 산출할 때 발생한다. 이로써 비록 확신은 있지만 확인과 검증이 안 되고 부정확한 속임수 같은 응답으로 귀결된다(Li, 2023). 신뢰할 수 없는 답변의 양산으로 특징지어지는 AI 환각 현상은 AI 활용의 윤리적 문제와 관련된다(박형빈, 2023).

첫째, AI 환각 현상을 악용하여 딥페이크나 딥 보이스와 같이 AI의 기술적 수단을 통해 개인의 얼굴이나 목소리를 조작·변조할 가능성이 있다. 이로 인해 개인 프라이버시 등 인격적 가치가 침해되고, 데이터 증거물에 대한 신뢰성이 훼손되며, 법적 분쟁이나 신뢰 상실 같은 사회적 혼란이 초래될 수 있다. 더욱이 텍스트 이외에 이미지나 오디오·비디오 등 다양한 방식의 데이터를 활용하는 대형 멀티모달 모델(large multimodal models, LMMs)에 해당하는 경우 생성형 AI가 갖는 특성을 염두에 두면 문제의 심각성은 배가된다.

둘째, 현실로 여겨지는 가상 인물을 생성하고 이를 사용하여 광고나 마케팅·엔터테인먼트 등에서 사실적이지 않은 배경과 환경을 가공하는 데도 생성형 AI가 활용되고 있다. 가상 인물을 현실과 구별하기가 어려운 경우 대부분 가상 인물은 실제 존재하는 사람으로 오해되기 마련이다. 이처럼 가상 인물을 사용하면 실존에 대한 혼란과 오인이 발생할 수 있으며, 정보의 투명성과 신뢰성이 감쇄될 수 있다. 보다 확장하면, AI 환각 현상으로 현실과 가상 또는 사실과 허구 사이의 경계가 모호하게 되고 디지털 시대의 실제 현실과 가상 현실의 구분이 불분명해짐으로써 참과 거짓의 분별 및 도덕적 윤리와 가치의 존립 등의 문제에서 중대한 위협이 야기된다.

셋째, AI 환각 현상은 정보 보호에 취약할 수 있다. 악성 코드의 일부 기능을 우회해서 요청할 경우 생성형 AI를 활용하여 신속하게 멀웨어나 랜섬웨어 등 공격용 도구를 발전시킬 수 있기 때문에 사이버 공격 및 범죄에의 악용이 정책적 · 제도적 대응책으로 제어될 수 있어야 한다. 정보 유출 문제도 제기된다. 생성형 AI에 입력한 정보는 AI를 제작한 AI 개발사의 서버에 저장되므로 AI 개발사에 보안 사고가 발생하면 이용자가 입력한 정보가 유출될 수 있다. AI 환각 현상을 악용하면 우회적인 질문을 통해서도 답변을 통해 정보가 유출될 수 있다는 점에 그 심각성이 있다.

생성형 AI의 기술적 한계를 보완하는 방법

생성형 AI의 LLM이 산출하는 결과물이 신뢰할 수 있어 보이지만 부정확한 잘못된 정보를 내놓거나 맥락에서 벗어난 내용을 출력하는 AI 환각 현상은 생성형 AI의 태생적인 한계라고 볼 수 있다. 자연어 처리(natural language processing, NLP) 모델에서 발생하는 흔한 문제이기 때문이다. 이에 대응하여 LLM의 출력을 최적화하고 학습 데이터 소스 외부의 신뢰할 만한 지식 데이터베이스를 참조할 수 있도록 검색 시스템과 연동하는 검색 증강 생성(retrieval-augmented generation, RAG) 기법이 생성형 AI의 기능 향상을 위한 보완책으로 논의되고 있다.

LLM의 경우 기왕에 학습한 시점의 데이터만으로 응답하고(out of date) 답변의 출처는 알 수 없는(no source) 한계를 안고 있다. 이에 비해 LLM-RAG 모델은 외부의 데이터를 지속적으로 새로이 가져올 수 있으므로 데이터 최신성 문제를 해결할 수 있고 학습 데이터로부터 추론하고 검색 결과를 바탕으로 재학습하여 할루시네이션에 대비할 수 있다는 평가를 받고 있다. 그렇지만 추론 능력을 제고할 수 있으려면 정확하고 신빙성 있는 결과를 생성하기 위한 근거로서 데이터의 질을 확보해야 한다. 최신화된 정보에의 접근 가능성에 바탕을 둔 의사 결정에서 효과적인 데이터 검증 및 관리 체계가 구축되지 않으면 AI는 할루시네이션에서 자유롭지 못하게 된다.

개인정보와 안전성 측면에서 AI 기술에는 고려해야 할 사항이 많다. 특히 다양한 방식으로 명백하거나 미묘한 편향을 도입하거나 악화할 수 있는 위협이 존재한다. 신체적 · 심리적 · 유전적 · 정신적 · 경제적 · 문화적 또는 사회적 정체성으로 확인되는 개인적 속성에 관한 편향은 알고리즘을 만드는 데 사용된 훈련 데이터의 처리 과정에서 발생하거나 개발자에 의해 의도적으로 주입될 수 있다. 당연히 AI 기술의 활용으로 알고리즘 편향이 증폭하거나 영속화해서는 안 된다. 인간으로서 존엄과 가치의 보장이 실현되는 정의로운 사회에서 모든 사람은 평등하게 존중받아야 마땅하기 때문이다. 규제적인 관점에서는 알고리즘과 데이터 소스를 문서화하고 AI 기술의 사용에 이해관계 있는 당사자 상호 간 개방적 의사소통을 구조화하는 방안이 요구된다. 이로써 AI 프로세스의 투명성을 제고하면 잠재적인 편향과 불공정을 완화할 수 있을 것이다.

참고문헌

박형빈(2023). 생성 AI의 할루시네이션 이슈와 윤리적 과제: 초등 AI 윤리교육에서 활용 가능한 주제를 중심으로. ≪한국초등교육≫, 34(4), 22-27쪽.

이서희(2024.6.4.). "매일 돌 하나씩 드세요" 황당 답변 구글 AI검색. 서비스 축소 굴욕. ≪한국일보≫.

조인경(2024.6.12). [뉴스속 용어] 생성형 AI의 거짓말 '할루시네이션'. ≪아시아경제≫.

Alkaissi, H. & McFarlane, S.(2023). Artificial hallucinations in ChatGPT: Implications in scientific writing. *Cureus, 15*(2), pp.1-4.

Bender, E., et al.(2021). On the dangers of stochastic parrots: Can language models be too big?. *Proceedings of the 2021 ACM Conference*, pp.615-618.

Hurbans, R.(2020). *Grokking artificial intelligence algorithms*. Manning. 구정회 옮김(2021). 『쏙쏙 들어오는 인공지능 알고리즘』. 제이펍.

Li, Z.(2023). The dark side of ChatGPT: Legal and ethical challenges from stochastic parrots and hallucination. *arXiv*:2304.14347.

Scott, I.(2024). Rising to meet the challenge of generative AI. *Journal of Legal Studies Education, 41*(1), pp.29-30.

05
프로파일링과 개인정보

프로파일링이란 정보 주체의 개인적인 특정 측면을 분석 · 평가 · 예측하기 위해 행하는 모든 형태의 자동화된 개인정보 처리를 의미한다. AI 시스템에서 기계 학습으로 강화되는 알고리즘에 따라 프로파일링은 사생활에 관한 프라이버시에 위협을 받게 된다. 그 맥락적 연관성에서 프로파일링의 법적 함의를 EU GDPR과 개인정보법의 규정으로 살펴본다.

AI와 아이돌?

EU GDPR의 프로파일링과 AI법

유럽연합(EU) GDPR(general data protection regulation)은 2018년 5월 25일부터 시행된 개인정보 보호에 관한 EU의 일반법이다. 그 핵심 내용은 기업의 개인정보 보호 책임 및 정보 주체의 권리 강화다. 먼저 기업의 개인정보 보호 책임과 관련해 반드시 개인정보 보호 책임자를 지정하고 영향 평가 등을 추가해야 한다. 정보 주체의 권리 강화 측면에서 보장받을 수 있는 권리도 추가로 보완되었다. 또한 EU 회원국별 자체 법규에 따라 부과되던 과징금이 모든 회원국에 통일된 기준이 적용된다. EU와 거래하는 외국 기업 역시 GDPR을 위반하면 과징금을 부과받게 된다는 점이 중요하다. GDPR 제4조 제4호에 정의된 프로파일링의 개념은 '특히 직무성과, 경제 상황, 건강, 개인적 선호도·관심사, 신용도, 행태·위치·이동과 관련된 특정 개인의 사적 측면에 대한 분석·평가·예측을 위해 자동화된 처리 형태로 개인정보를 활용하는 것'이다. 원래 프로파일(profile)은 사물의 외곽선(outline)을 뜻하는 라틴어 filum(실을 뽑다, thread)이 어원인 'filare'와 'pro'[앞으로, forth]가 결합된 'profilare'에서 유래한다. 이후 'profilare'는 이탈리아어인 'profilo'로 변형되어 17세기 중반 'profile'로 굳어

졌다. 조각에서 '옆얼굴 모습' 개념의 프로파일은 비유적으로 '사람의 윤곽선'을 뜻하는 명사로서, 특정인의 '개략적인 정보'나 '인물 단평'의 의미로 이해된다. 타동사로 쓰일 때에는 '윤곽(외형)을 그리다' 또는 '개략(인물 단평)을 쓰다'는 개념으로 번역되고 있다.

자동화된 개인정보 처리로 기록의 불일치나 오류를 판별하여 개인정보의 정확성을 제고하고 처리 목적인 개인에 대한 평가를 최적화할 수 있는 긍정적인 측면도 프로파일링에 있다. 하지만 사생활권이라는 권리 개념으로 프라이버시를 볼 때 보호받아야 할 권리의 객체인 개인정보의 영역과 중첩되는 부분이 많으므로 프라이버시 범주의 권리가 제약될 수 있다. 이에 따라 GDPR은 제22조 제1항으로 "정보 주체는 자신에게 법적 효력을 발생시키거나 중대한 영향을 주는, 프로파일링을 포함한 자동화된 데이터 처리에만 근거한 의사 결정에 적용되지 않을 권리가 있다."라고 규정한다.

프로파일링은 정보 주체의 동의나 그 밖에 다른 적법 요건에 따라 수집된 기본 개인정보와 이를 기초로 수집되는 공개된 정보, 계약 이행 등 처리 과정에서 관찰된 정보, 기타 보유 정보를 기반으로 추론된 정보 등이 다양한 경로로 정보 주체가 알 수 있거나 모르는 가운데 수집되면서 시작된다. 이어서 수집된 개인정보를 분석하여 새로운 특징 정보나 행태 정보를 생성하는 단계인 좁은 의미의 프로파일링이 실행된다. 예를 들어 특정 고객이 어떤 상품을 즐겨 구매하고 이를 토대로 어떠한 유형에 포함되는지 분석함으로써 앞으로의 행동 가능성을 예측하는 것이 이 단계에 해당한다. 마지막으로 협의의 프로파일링을 통해 생성된 개인정보를 기준으로 맞춤형 광고를 제공하거나 콘텐츠를 추천함으로써 검색을 포함한 정보 주체의 다양한 온라인 활동에 프로파일링 정보를 적용하는 단계가 전개된다(한국인터넷진흥원, 2020).

이러한 프로파일링 역시 개인정보 처리에 해당한다. 개인정보법에서 처리를 '개인정보의 수집, 생성, 연계, 연동, 기록, 저장, 보유, 가공, 편집, 검색, 출력, 정정, 복구, 이용, 제공, 공개, 파기, 그 밖에 이와 유사한 행위'라고 정의하고 있으므로 이 개념에 포섭되기 때문이다. 개인정보법은 프로파일링을 거부할 수 있는 권리를 명시하고 있지 않으며 이를 금지하지도 않는다. 그렇지만 개인정보법이 명문화한 정보 주체의 권리인 처리 정지권에 따라 프로파일링에 대하여 개인정보법 제37조가 적용된다. 이로써 정보 주체는 개인정보 처리자에 대하여 자신의 개인정보 처리의 정지를 요구하거나 개인정보 처리에 대한 동의를 철회할 수 있다. 개인정보 처리자는 처리 정지 요구를 받았을 때에는 개인정보법에 따른 예외적 요건에 해당하지 않는 한 지체 없이 정보 주체의 요구에 따라 개인정보 처리의 전부를 정지하거나 일부를 정지하여야 한다. 정보 주체의 처리 정지 요구를 거절할 수 있는 경우는 ① 법률에 특별한 규정이 있거나 법령상 의무를 준수하기 위하여 불가피한 경우, ② 다른 사람의 생명 · 신체를 해할 우려가 있거나 다른 사람의 재산과 그 밖의 이익을 부당하게 침해할 우려가 있는 경우, ③ 공공기관이 개인정보를 처리하지 아니하면 다른 법률에서 정하는 소관 업무를 수행할 수 없는 경우, ④ 개인정보를 처리하지 아니하면 정보 주체와 약정한 서비스를 제공하지 못하는 등 계약의 이행이 곤란한 경우로서 정보 주체가 그 계약의 해지 의사를 명확하게 밝히지 아니한 경우 등 네 가지다.

위 네 가지의 어느 하나에 해당하는 경우가 아닌 한 개인정보 처리자는 정보 주체가 동의를 철회한 때에는 지체 없이 수집한 개인정보를 복구 · 재생할 수 없도록 파기하는 등 필요한 조치를 하여야 한다. 처리 정지권은 AI에 의한 프로파일링에 대하여도 적용되어야 할 정보 주체의 권리임은 당연하다. 개인정보법 제18조 제1항은 원칙적으로 개인정보의 목적 외 이용·제공을 금지하고 있으므로 프로파일링이 정당한 수집 요건을 벗어난 목적에서의 개인정보 이용이나 제3자 제공에 해당하는 경우 개인정보법의 규정에 따라 형사 처벌이나 과징금 부과의 대상이 된다. 한편 전면 적용을 2년 앞두고, 부분적이지만 2024년 8월 1일 시행된 EU AI법(Artificial Intelligence Act)은 AI 프로파일링의 투명성 확보를 위해 규제를 명시하고 있다. 핵심적으로 개인의 민감한 특성을 토대로 분류하는 안면 인식 데이터베이스 구축을 제한하고 있다. AI 시스템에 따른 프로파일링으로 개인정보를 처리하는 경우 개인정보 처리자는 AI법과 GDPR을 준수해야 한다.

프라이버시와 프로파일링, 혜택과 폐해

프라이버시라는 말은 "사람의 눈을 피한다"라는 뜻의 라틴어 privatue에서 유래한다. 그 사전적 의미는 "사생활에 대하여 타인의 눈길로부터 떨어져 있는 상태, 은거하는 장소, 타인으로부터 독립하여 사적(私的) 비밀이 보장된 분위기, 타인에게 알려지기를 꺼리는 사사(私事), 사적인 친척 관계나 친밀한 관계와 같이 은밀한 관계 등을 뜻한다."고 기술되기도 하며, '사회·타인의 호기심 그리고 영향력으로부터 독립된 것으로서 규범적 요소를 포함한 개인적인 영역에 대한 접근의 배타적 통제력'이라고 풀이될 수도 있다. 자유주의 이념에서 형성된 프라이버시 관념은 공권력의 개입 또는 공공에로의 공개 금지와 관련된다. 개인의 행적을 타인으로부터 보호하는 자주성의 의미로 읽히는 프라이버시에서 공적 영역과 사적 영역의 구별은 드러난 것과 감춰진 것의 구분이라고 볼 수 있다. 권리로서의 프라이버시는 단순히 소극적인 것이 아니라 개인정보에 대한 적극적인 접근과 통제가 핵심인 권리이며(대법원 96다42789 판결), 단순히 '혼자 있을 권리(right to be alone)'가 아니다. 물론 헌법 제17조에 따른 '사생활의 비밀과 자유'를 포함하는 개념인 프라이버시가 개인정보에 관한 권리와 동일한 것은 아니다. 헌법이 보장하는 개인정보에 관한 권리인 개인정보 자기 결정권은 자신의 신상 정보 처리를 결정할 수 있는 기본적 인권으로 이해된다. 또한 개인정보 처리자에 대한 체계적 역감시(逆監視)를 요청하는 정보 주체의 적극적 · 능동적 권능으로 재해석되고 있다.

프로파일링에도 AI의 알고리즘이 사용될 수 있다. 알고리즘은 작업을 완료하거나 문제를 해결하기 위해 고안된 일련의 명령과 규칙의 집합이다. 프로파일링은 알고리즘으로 서로 다른 데이터 세트(data set) 사이의 상관관계를 찾는다. 이렇게 알고리즘을 사용하여 동작을 예측하거나 서비스 접근을 제어하는 등 광범위한 결정을 내릴 수 있다. AI 시스템에 의해 알고리즘의 설계와 적용이 강화되며, 이로써 대규모의 개인정보가 수집되고 분석된다. 이제 알고리즘에 의한 프로파일링에 따라 서로 다른 행동과 속성에 관한 연관성이 인식되면, 개인에게 적용되는 프로필이 만들어지고 이를 토대로 분석 · 평가된 대로 개인의 행동이 예측된다.

AI 기술이 적용된 프로파일링 또는 데이터 마이닝으로 인한 정보의 결합과 개인 식별화가 정의롭지 못할 수 있다. 특히 국가 행정 기관의 AI 기반 감시 시스템은 개인의 사생활에 관한 데이터에 과도하게 접근하여 권력 불균형의 위험을 키운다. 생체 데이터 처리로 심각한 프라이버시 침해가 가능하다. 심박수나 체온을 측정하는 피트니스 팔찌나 반지는 매우 민감하고 내밀한 정보를 처리한다. AI 시스템은 미세한 얼굴 표정, 목소리 톤, 심박수나 체온 등 개인의 생체 데이터를 추적할 수 있다. 이로써 특정 개인이 어떻게 호흡하고 움직이며 생활하는지에 대한 매우 정확한 그림이 그려진다. 알고리즘 프로파일링에 필요한 민감한 생체 데이터는 방대한 양으로

AI에 의해 처리되어 개인의 프라이버시를 공격한다. 알고리즘 예측으로 프로파일링은 사람들이 갖거나 가질 것 같은 성향을 고려하여 상품·서비스 또는 의견을 강요하고 특정 행동이나 결정으로 내몰 수도 있다(Shaelou et al., 2024).

개인정보 처리는 AI 시스템으로 지능화와 자동화의 요소를 실현한다. 개인정보 처리로 인한 혜택은 늘리고 폐해는 줄이는 방편에서 프라이버시와 관련되는 개인정보 문제의 해법을 찾아 가야 할 것이다. 프로파일링 이슈도 마찬가지다. AI 시대의 개인정보 처리에서 프라이버시 개념이 기존의 의미와 달라져야 할지 개인정보법의 적용을 유연화하거나 개정해야 할지 논란은 있기 마련이다. 개인정보 처리의 편리함과 안전함이 양립해야 하며, 법은 그 기로에 서 있다.

참고문헌

대법원 1998.7.24. 선고 96다42789 판결.

박노형·김효권(2024). EU AI법 개인정보보호 관련 규정 검토. ≪사법≫, 68, 33-62쪽.

한국인터넷진흥원(2020). 『개인정보 처리에서의 프로파일링 사례집』. 방송통신위원회.

Shaelou, S., et al.(2024). Challenges to fundamental human rights in the age of artifcial intelligence systems: Shaping the digital legal order while upholding rule of law principles and European values. *ERA Forum*, https://doi.org/10.1007/s12027-023-00777-2

06
딥페이크와 프라이버시

딥페이크는 인간 지능을 모방하도록 설계된 인공 합성 신경망에 의존한다. 데이터를 처리하는 과정에서 컴퓨팅 시스템은 통합 애플리케이션으로 대체되고 있다. 훨씬 적은 시간 안에 손쉽게 딥페이크 생성이 가능하다. 그러나 신원 도용을 위한 개인정보 처리와 성 착취물의 제작 · 배포로 딥페이크는 인격 살해의 수단이 될 수 있다. 프라이버시를 침해하고 범죄 행위에 악용되는 것이다.

AI와 야구?

디지털 데이터의 처리와 인격 살해의 굴레

가짜나 거짓도 실제처럼 그럴듯하게 만들어 내는 능력 때문에 생성형 AI의 위험성에 대한 경고가 꾸준히 제기되어 왔다. 세계 경제 포럼(World Economic Forum)은 2024년 『글로벌 위험 보고서(Global Risks Report)』에서 향후 2년 안에 가장 심각한 위협이 될 수 있는 국내외적 문제로 거짓 정보(false information)에 의한 사회적 격차의 확장적 심화를 지목했다. 거짓 정보는 악의적 의도는 없지만 그릇된 결과를 나타내는 오정보(misinformation)와 적극적으로 꾸며 냄으로써 그릇된 내용이 되는 허위 조작 정보(disinformation)를 포함한다. AI 기술을 악용한 딥페이크(deepfake)는 진짜와 구분하기 어려운 거짓의 이미지와 음성 그리고 영상의 복합적 결과물 또는 그 제작 과정으로 이해된다. AI 기술로 생성·조작되는(artificially generated or manipulated) 딥페이크는 '딥 러닝(deep-learning, 심층 학습)'과 '페이크(fake, 거짓)'의 합성어다. 생각을 위해 사람의 뇌가 뉴런(neuron)을 유용하게 쓰는 행태를 차용한 딥 러닝은 진실 그대로의 감각에 따라 학습하는 소프트웨어가 데이터 패턴의 인지 방법을 배우는 AI 영역이다.

딥페이크는 인간의 행동을 똑같이 따라 하는 것처럼

이성적이고 지능적으로 작동하게끔 고안된, 컴퓨터화된 행위 모형과 사고 처리 프로세스로 이루어진다. 결코 진실이 아닌 발언과 일어나지 않은 행동이 AI의 활용으로 생성 · 조작된 딥페이크의 출현은 급변하는 미디어 환경에서 디지털 기술의 발달로 진짜와 가짜를 구별하기 어려운 양상을 가속화하고 있다. 소셜 미디어(social media) 활용의 보편화는 그 파급 효과와 맞물려 이로써 전파되는 딥페이크에 대한 맹신을 가져오고 순식간에 확산할 수 있다. 무엇보다 고성능 알고리즘과 초고속 처리 기기로 딥페이크에 대한 접근이 용이하고 누구든지 페이크앱(FakeApp)이라는 어플을 다운로드하여 안면 교체 영상(face-swapping video)을 사실처럼 꾸며 낼 수 있다. 특히나 진실이 아닌 영상을 생성하는 AI 알고리즘은 사람의 표정이나 몸동작 · 음성 및 그 복합 정보를 베껴 냄으로써 그 영상을 현실보다 더 사실감 있게 교란한다. 그리고 필요 충분의 영상과 음성을 소재로 AI 알고리즘은 허위를 가공하고 없었던 일을 마치 사실인 것처럼 조작함으로써 결국 육안으로는 참인 것과 구별할 수 없게 만든다.

이미지나 비디오로 표출되는 사람의 외형은 개인의 영상 정보로서 초상에 해당한다. 자신의 얼굴 또는 사회

통념상 특정인임을 식별할 수 있는 신체적 특징이 초상이다. 초상권은 자신의 초상에 대한 인격적 · 재산적 이익을 말한다. 그 내용으로 초상에 대한 촬영 · 작성 및 공표 · 복제 거절권 그리고 영리적 활용을 거부할 법적 이익이 포함된다. 초상의 사용은 프라이버시 범주에서 기본적으로 인격권 성격을 갖는 초상권 주체인 본인의 동의를 얻어야 하고 동의 범위 안에서 이루어져야 한다. 다만 이른바 공인, 즉 공적 인물은 그 시사적인 의미와 연관되는 경우 대중의 관심에 비추어 일반인에 비해 초상권이 어느 정도 제한될 수 있다. 그러나 자신과 아무런 관계 없는 내용의 정보로 명예가 훼손되면서 초상이 사용되는 것까지 감수해야 하는 것은 아니다. 「언론중재 및 피해구제 등에 관한 법률」 제5조 제1항은 언론이 보호해야 할 인격권을 '타인의 생명, 자유, 신체, 건강, 명예, 사생활의 비밀과 자유, 초상, 성명, 음성, 대화, 저작물 및 사적 문서, 그 밖의 인격적 가치 등에 관한 권리'로 정의한다.

딥페이크는 동의 없는 인격 도용을 초래할 수 있다. 당사자의 동의 없이 AI 기술로 목소리나 얼굴 정보를 학습해서 그 이미지나 비디오를 생성 · 공개하면 초상권 침해가 되기 때문이다. 음성이나 영상을 담은 개인정보가 불법 처리되어 유명인의 인격권이 침해된다. AI 기술의 활용이 늘어날수록 연예인들은 딥페이크를 악용한 불법 광고에 더 쉽게 노출되거나 보이스 피싱의 도구로 전락할 수도 있다.

신원확인의 명과 암, 프라이버시 패러독스

폭발적인 관심과 낙관적인 기대를 안고 AI 이용이 보편화되는 동안 AI의 비윤리적 활용이나 편향적 학습 결과로 귀결되는 사회 경제적 불평등 심화는 현재 진행형이다. 특히 AI로 인한 개인정보에 관한 권리의 침해나 이른바 가짜 뉴스(fake news)나 딥페이크를 포함한 허위 조작 정보 확산의 위협은 여전히 법적 쟁점이 되고 있다. 오픈AI(OpenAI)를 피고로 챗GPT(ChatGPT)의 데이터 무단 활용을 다투는 사건에서 캘리포니아주 지방 법원은 생성형 AI 기술로 인해 데이터가 쉽게 조작되고 그 무결성이 위협받고 있음을 강조했다. AI 기술은 딥페이크를 생성할 뿐만 아니라, 허위 정보를 유포하고, 피해자를 갈취하며, 기밀 정보에 접근하는 데 적극 사용되고 있다는 이유에서였다. 인간과 AI 모두에게 진정한 정보의 식별과 검증은 점점 더 어려워지는 국면이다. 「공직선거법」 제82조의8 제1항은 '딥페이크 영상 등(AI 기술 등을 이용하여 만든 실제와 구분하기 어려운 가상의 음향 · 이미지 또는 영상 등)'을 일정 기간 선거 운동 목적으로 사용하지 못하도록 규정하고 있다.

'프라이버시 패러독스(privacy paradox)'는 AI로 인한 사회적 편익과 개인 프라이버시 권리의 잠재적 침식 사이에서 생기는 저항감과 긴장 관계의 역설적 구조를 뜻한다. AI 기술은 다양한 개인정보를 분석해 사회적 · 경제적 이익을 창출하지만, 데이터 처리 과정에서 개인의 프라이버시가 침해될 수 있기 때문이다. 공개된 데이터의 불명확한 소유권과 동의 없는 수집 · 이용은 개인정보의 무단 사용과 개인 감시 문제를 악화할 수 있다. 이용자로서는 AI 서비스의 효용에도 불구하고 개인정보의 노출 · 추적 · 저장 등이 악순환될 수 있음을 우려한다. 제공자의 경우 AI 서비스의 가치 창출을 위해 개인정보가 필수적이어서 이용자에게 더 많은 개인정보를 요구해야 한다. 여기서 저항적 긴장 상태가 유발된다. 하지만 법적 규제 프레임 워크가 AI 기술의 발전 속도를 따라가기는 어렵다(Gosain et al., 2024).

콘텐츠를 편집 · 합성 · 가공하여 실제로 있거나 일어나지 않은 것을 만들어 내는 딥페이크는 사람의 모습 · 목소리 또는 정체성을 승낙 없이 사용한다. 이로써 데이터 처리 여부를 결정하는 개인의 권리가 침해되고 이미지 통제력이 상실된다. 딥페이크를 악용하면 공격 대상의 얼굴 이미지로 범행을 저지르는 것처럼 비디오를 조작할 수도 있다. 공격 대상은 처벌받거나 다른 피해를 입게 된다. 개인의 이미지나 비디오를 허락 없이 도용한 AI 콘텐츠 조작은 프라이버시를 침해한다. 유명 연예인이 논란에 있는 다이어트 보조 제품을 지지하는 것같이 보이게 만드는 딥페이크가 배포되면 그의 명성과 신뢰가 훼손될 뿐만 아니라 AI 콘텐츠의 진정성에 의문과 혼란이 증폭된다.

딥페이크는 사람의 목소리와 말투를 모방하여 실제와 분간할 수 없을 만한 오디오 녹음을 만들 수 있다. 가짜 오디오 클립은 사람이나 자동 음성 인식 시스템을 속여 신원 도용 또는 무단 개인정보 접근에 의한 출입 통제 해제가 가능하다. 믿을 만한 목소리가 진짜같이 모방되면 사용자는 무의식적으로 민감한 데이터를 제공할 수도 있다. 얼굴 인식 같은 생체 데이터 인증의 신뢰성 문제도 제기된다. 딥페이크는 개인의 생체 데이터를 본떠서 보안 계정이나 시스템에 무단 침입할 수 있다. 범죄자가 딥페이크 마스크를 입수해 얼굴 인식을 통해 스마트폰에 거짓 인증하고 개인정보를 훔치는 경우도 가능하다. 데이터와 디바이스의 보호를 위한 보안 계층의 추가와 생체 인식 검증 기술의 도입이 필요하다.

딥페이크로 만든 불법 콘텐츠, AI 성 착취물

다양성과 포용성에 역행하는 편견과 편향성 및 차별적인 시선이 AI 생성물을 통해 지속적으로 강화될 수 있다. 생성형 AI는 정제되지 않은 웹 데이터를 기반으로 심층 학습되기 때문에 의도적이지 않더라도 개인정보 노출이 가능하다. 딥페이크는 가족의 목소리를 조작해 보이스피싱에 악용하거나 연예인 얼굴을 성 착취물에 무단 합성·유포하는 데 쓰이기도 한다. 개인의 인격성을 복제 또는 왜곡하여 성적 대상으로 삼는 등 심각한 범죄 행위로 치달을 수도 있음도 중대한 문제다. 특히 이미지 기반 성범죄의 경우 피해자의 데이터가 딥페이크의 상당 부분을 차지한다. 딥페이크로 생성된 결과물은 피해자를 쉽게 추적하게 만든다.

불법적으로 데이터를 처리하여 생성한 허위 조작 콘텐츠로서 딥페이크 성 착취물은 형사 처벌의 대상이다. 「아동·청소년의 성보호에 관한 법률」 제2조 제5호에 따른 아동·청소년 성 착취물이란 '아동·청소년 또는 아동·청소년으로 명백하게 인식될 수 있는 사람이나 표현물이 등장하여 성적 행위를 하는 내용을 표현하는 것으로서, 필름·비디오물·게임물 또는 컴퓨터나 그 밖의 통신 매체를 통한 화상·영상 등의 형태로 된 것'을 말한다. 딥페이크 성범죄의 포괄적인 개념은 「성폭력 범죄의 처벌 등에 관한 특례법」 제14조의2 제1항에 규정된 대로 '사람의 얼굴·신체 또는 음성을 대상으로 한 촬영물·영상물 또는 음성물을 해당 콘텐츠의 대상자 의사에 반하여 성적 욕망 또는 수치심을 유발할 수 있는 형태로 편집·합성 또는 가공한 것'이라고 하겠다.

여기서 딥페이크 생성 과정에 개인정보 처리가 포함되는지 여부는 문제 될 수 있다. 딥페이크 성 착취물의 경우에도 AI 콘텐츠를 구성하는 데이터 자체가 실제 개인에 속하지 않을 수 있기 때문이다. 그렇지만 개인정보법상 개인정보 인정에 데이터의 형태는 중요하지 않으며, 개인 식별이 가능하다면 원칙적으로 그 데이터는 개인정보에 해당한다. 이미지나 비디오 기반의 성범죄 목적 딥페이크에서도 실존하는 피해자의 이미지나 비디오는 얼굴 데이터의 활용으로 피해자 식별이 가능한 까닭에 개인 영상 정보가 된다. 이러한 데이터는 개인에 귀속되는 프라이버시의 보호 영역 안에 있다. 따라서 개인에 관한 이미지나 비디오 데이터를 처리하려면 다른 정당화 사유가 없는 한 정보 주체의 사전 동의를 받아야 한다. 개인정보법에 규정된 '처리' 개념으로 볼 때 원본 데이터 변경을 수반하는 정도를 포함하여 합성·편집·가공 등은 생성 또는 이와 유사한 행위로 해석된다. 딥페이크 성 착취물이 유포될 경우 개인정보법에 따라 정보 주체인 피해자에게 자신의 개인정보에 대한 삭제나 처리 정지 요구권이 인정된다. 온라인상 불법 유통인 경우 「정보통신망 이용촉진 및 정보보호 등에 관한 법률」에 따를 때 피해자가 필요한 조치를 요청하면 정보 통신 서비스 제공자는 삭제 조치 외에도 30일을 넘지 않는 범위에서 해당 정보에 대한 접근을 차단하는 임시 조치를 해야 하는 경우도 있다.

참고문헌

Gosain, T., et al.(2024). Artificial intelligence and the privacy paradox: Challenges and opportunities in legal adaptations. *Educational Administration: Theory and Practice, 30*(5), pp.10384-10394.

Moreno, F.(2024). Generative AI and deepfakes: A human rights approach to tackling harmful content. *International Review of Law, Computers & Technology, 38*(3), pp.297-326.

PM et al. vs. OpenAI LP. et al.(2023.6.28). Case No. 3:23-cv-0319, United States District Court, Northern

District of California.

PM et al. vs. OpenAI LP. et al.(2023.6.28). Case No. 3:23-cv-0319. US District Court, N.D. Cal.

World Economic Forum(2024). Global Risks Report, https://www.weforum.org/publications/global-risks-report-2024/in-full/

07
생체 인식과 개인정보

얼굴 · 지문 · 홍채 등 생체 데이터는 정보 주체에 일신 전속적인 까닭에 실용적인 인증 수단이 된다. 그렇지만 사생활을 현저히 침해할 우려가 있는 민감 정보다. 민감 정보 처리로 유발되는 불평등한 차별적 처우의 방지를 위해 개인정보법 시행령은 식별 목적으로 생성되는 생체 인식 특징 정보를 민감 정보의 하나로 명시하고 있다. 그 처리에는 별도의 동의와 안전성 확보 조치가 필수적이다.

AI와 윤동주?

사생활 침해의 우려가 현저한 민감 정보

생체 인식 기술은 자신이 누구인지를 인증하는 가장 안전한 방법이며, 기존의 비밀번호보다 도난 가능성이 훨씬 적다. 얼굴·지문·홍채 등 생체 데이터는 정보 주체와 항상 함께 있기 때문에 비밀번호보다 더 실용적일 수 있다. 반면 정보 주체의 권리 침해 문제가 심각한 영역이기도 하다. 챗GPT(ChatGPT)를 만든 오픈AI(OpenAI)의 CEO 샘 올트먼(Sam Altman)이 내놓은 암호 화폐인 월드코인(worldcoin) 운영에 전 세계적으로 제동이 걸린 것도 600만 명 이상의 홍채 정보 수집 때문이었다. 국내에선 개인정보보호위원회가 조사에 착수했으며, 홍콩에서는 월드코인 운영 기업이 압수 수색되기도 했다. 최근에는 스페인, 포르투갈, 독일 등 월드코인 운영을 중단시키거나 조사에 착수한 국가나 지방 정부가 12곳에 달한다. 월드코인은 '오브(Orb)'라는 홍채 인식 기구를 통해 개인의 홍채를 데이터화하여 블록체인에 연결한다. 홍채 등록을 마치면 기본 소득 명목으로 월드코인 10개를 지급해 인기가 급상승했고, 이후 2주마다 3개씩 총 75개의 코인을 지급했다. 이처럼 코인을 무료로 지급한다는 소식이 전해지자 홍채를 등록하는 사람이 대폭 증가했다.

여기서 홍채라는 민감한 개인정보가 악용될 수도 있다는 우려가 있어 왔다. 월드코인으로 수집되는 생체 데이터가 실제로 어떻게 사용되는지 베일에 싸인 가운데 월드코인 운영과 홍채 등록의 저의에 대한 의혹도 증폭되는 상황이었다. 이후 가상 자산인 월드코인의 운영 기관 월드코인 재단과 개인정보 처리 업무를 위탁받은 툴스포휴머니티(Tools For Humanity, TFH)가 생체 인식 정보로서 민감 정보의 처리에 관한 개인정보법 위반으로 총 11억 원의 과징금 부과를 명령받았다. 조사 결과, 월드코인 재단과 개발사인 TFH가 합법적 처리 근거 없이 홍체 이미지를 활용해서 홍채 데이터를 수집한 후 이를 국외로 이전한 것으로 드러났다. 유일무이한 홍채 데이터는 개인을 식별하고 변경 불가능한 민감 정보로 판단된다. 특정인에 귀속되어 식별자로 기능하는 홍채 데이터는 월드 아이디(ID)와 연계되어 있었다. 민감 정보 처리를 위해서는 정보 주체의 별도 동의와 안전성 확보 조치가 필수지만, 법적 의무를 어긴 것이다.

현행 개인정보법 제23조 제1항에는 정보 주체의 사생활을 현저히 침해할 우려가 있는 개인정보로서 '대통령령으로 정하는 정보'가 민감 정보로 규정되어 있다. 사생활을 현저히 침해할 우려가 있는 민감 정보의 규율은 민감 정보의 처리로 유발되는 불평등한 차별적 처우를 방지하기 위한 목적에서 비롯된 것이다. 이에 따라 개인정보법 시행령 제18조는 '대통령령으로 정하는 정보' 가운데 '개인의 신체적, 생리적, 행동적 특징에 관한 정보로서 특정 개인을 알아볼 목적으로 일정한 기술적 수단을 통해 생성한 정보'인 생체 정보(biometric data)를 민감 정보의 하나로 명시하고 있다. 엄밀히 말하면 '특정 개인을 알아볼 목적으로'라는 처리 목적에 따라 센서 입력 장치 등을 통해 수집되는 지문 · 홍채 · 얼굴 등의 생체 인식 원본 정보로부터 추출한 특징점 등을 이용(비교 · 대조)해 특정 개인임을 확인할 수 있게 '생성'된 생체 인식 특징 정보만이 민감 정보로서 생체 정보라 할 수 있다.

개인정보법은 제23조 제1항에서 '사상 · 신념, 노동조합 · 정당의 가입 · 탈퇴, 정치적 견해, 건강, 성생활 등에 관한 정보, 그 밖에 정보 주체의 사생활을 현저히 침해할 우려가 있는 개인정보로서 대통령령으로 정하는 정보(이하 '민감 정보'라 한다)'를 규율하고 있다. 구조상 '…등에 관한 정보'와 '그 밖에…대통령령으로 정하는 정보'가 '민감 정보' 개념에 모호하게 연결된 문장이다. 아무튼 그 예시와 함께 민감 정보가 정보 주체의 사생활을 현저히 침해할 우려가 있는 개인정보로 정의된 것이다. 개인정보 처리자는 이러한 민감 정보를 처리해서는 아니 된다. 다만, ① 정보 주체에게 고지 사항을 알리고 다른 개인정보의 처리에 대한 동의와 별도로 동의를 받은 경우 또는 ② 법령에서 민감 정보의 처리를 요구하거나 허용하는 경우 예외적으로 그 처리가 가능하다.

여기서 다른 민감 정보 유형을 시행령으로 정하도록 위임하고 있으며, 이에 따라 법 시행령 제18조에서는 '대통령령으로 정하는 정보'로 ① 유전자 검사 등의 결과로 얻어진 유전 정보, ② 「형의 실효 등에 관한 법률」 제2조 제5호에 따른 범죄 경력 자료에 해당하는 정보, ③ 개인의 신체적 · 생리적 · 행동적 특징에 관한 정보로서 특정 개인을 알아볼 목적으로 일정한 기술적 수단을 통해 생성한 정보, ④ 인종이나 민족에 관한 정보를 명시하고 있다. 정보 주체의 '사생활을 현저하게 침해할 우려가 있는 개인정보'란 해당 정보를 수집 · 처리함으로써 헌법상 보장된 사생활의 비밀과 자유의 본질적 내용이 침해될 우려가 있는 것을 말하며, 해석의 여지가 크기 때문에 민감 정보로 특별히 보호할 필요가 있다고 사회적 합의가 이루어진 정보를 상황에 맞게 규정할 수 있도록 대통령령에 위임하고 있다.

민감 정보로서 생체 인식 정보와 안면 인식

GDPR(general data protection regulation, EU 일반 개인정보법)은 생체 정보를 '안면 데이터나 지문 정보와 같이 자연인을 고유하게 식별 가능케 하거나 확인해 주는 신체적 · 생리적 또는 행태적 특성과 관련하여 일정한 기술적 처리의 결과로 생성된 개인정보'라고 정의한다. 사람마다 서로 다른 얼굴을 지닌 까닭에 타인과 구별되는 얼굴의 특징점을 추출하여 데이터화한 후에 템플릿(biometric template, 생체 형판)을 작성하게 되면 생체 정보의 생성이 가능하다. 선천적 · 후천적 개인 고유의 특징에 관한 원본 정보(raw data)를 이용해서 개인 식별을 위해 생체 정보를 생성 · 가공 및 저장할 수 있는 것이다. 생체 인식 특징 정보인 생체 정보는 본질적으로 GDPR이 규정하는 개인정보로서 특수 유형의 민감 정보에 해당하며, 이는 AI 기술이 탑재된 지능형 CCTV(폐쇄회로 텔레비전)으로 처리되는 안면 데이터에도 적용된다(Kindt, 2018).

정지 화면이 담긴 사진이나 단순한 안면 영상의 경우 그 자체로는 민감 정보가 아니다. 특정 개인의 인식을 위해 기술적 수단으로 특징 정보를 생성한 경우 이렇게 가공된 특징 정보인 안면 데이터가 생체 정보로서 민감 정보에 해당한다. 안면 데이터와 같은 생체 정보는 정보 주체의 고유한 식별자로서 그 변경이 극히 어렵고 이로써 다른 부가적인 특이 정보가 검출될 위험성이 잠재해 있다. 정보 주체가 그 수집에 체감이나 인식 없이 실시간 원격으로 용이하게 처리될 수 있기 때문에 민감 정보로 분류되어 일반적인 개인정보보다 높은 수준의 보호 대상으로 규율된다(European Data Protection Board, 2020).

생체 인식 그리고 특히 안면 인식의 활용은 정보 주체의 권리 제한으로 위험을 증폭한다. 이러한 기술적 수단화는 GDPR에서 요구하는 합법성, 필요성, 비례성 및 최소한의 정보 처리 원칙에 합치되어야 한다는 점이 중요하다. 이와 같은 데이터 인식 기술을 활용하면 개인 식별이 매우 효과적으로 가능하므로 컨트롤러(controller, 대략 개인정보법에 따른 개인정보 처리자로 볼 수 있음)는 안면 인식을 보충적이고 예외적인 수단으로 삼아 무엇보다 기본적 권리와 자유에 주는 영향을 평가해 정당한 처리 목적을 달성할 수 있는, 덜 침해적인 수단을 강구해야 한다. GDPR의 개념 정의에 따를 때 자연인의 신체적 · 생리적 · 행태적 특징과 같은 원본 정보의 처리로써 추출되는 생체 정보는 이러한 특징에 적용되어야 한다.

다만 개인 식별을 목적으로 일정한 기술에 따라 처리되지 않으면 비디오 영상의 특정 장면은 GDPR 제9조에 따른 생체 정보라고 볼 수 없다. 생체 데이터가 특정인의 식별이나 인증을 위해 구체적 기술 수단으로 처리되는 경우에만 생체 정보에 해당하기 때문에 일반적인 사진 속 안면 이미지의 처리 역시 민감 정보의 처리로 분류되지 않는다(European Data Protection Board, 2020).

카메라의 촬영 범위에 포함됨으로써 지나가는 사람이 생체 인식 기술에 따른 개인정보 수집에 동의하지 않더라도 템플릿이 생성될 때의 포착과 관련되는 경우처럼 통제되지 않은 환경에서의 생체 인식 시스템 설치에 주목해야 한다. 여기서 통제되지 않은 환경이란 개인의 동의만으로 개인정보 수집이 가능한 통제된 환경의 생체 인식 시스템과는 달리, 개방된 공공장소에 생체 인식 장비(biometric device)가 설치됨으로써 통행하는 누구나 촬영할 수 있는 것을 가리킨다. 이러한 템플릿은 컨트롤러가 생체 정보 처리자인지 여부를 정보 주체가 인식할 수 있도록 처리 과정에서 생체 정보 처리에 관한 사전 동의에 근거해 정보 주체로부터 획득하는 템플릿과는 전혀 다른 것이다. 처리 정보 최소화의 원칙에 부합하기 위해 컨트롤러는 템플릿을 생성하는 디지털 이미지로부터 추출한 개인정보를 적정하게 처리해야 하며, 특정 목적에 요구되는 정보만을 목적 범위 내에서 처리해야 한다. 물론 생체 정보는 템플릿이 생체 인식 시스템의 범위를 이탈하여 변환되는 환경에서 처리되지 않아야 한다 (European Data Protection Board, 2020).

민감 정보를 규율하는 개인정보법의 문제점

그런데 개인정보법 시행령 제18조는 “다만, 공공기관이 법 제18조 제2항 제5호부터 제9호까지의 규정에 따라 다음 각 호의 어느 하나에 해당하는 정보를 처리하는 경우의 해당 정보는 제외한다.”라는 단서를 두었다. 개인정보보호위원회는 시행령 제18조 각 호의 네 가지 민감 정보는 공공기관이 해당 업무 수행을 위해 처리하는 경우 민감 정보로 볼 수 없고 정보 주체의 별도 동의 없이 처리가 가능하다고 이를 새긴다. 한편 수집 목적 외의 이용 · 제공이 가능한 경우로 개인정보법 제18조 제2항 제1호는 ‘정보 주체로부터 별도의 동의를 받은 경우’를 명시하고 있다. 그래서 같은 위상에 있는 제5호부터 제9호까지 규정은 제1호에 준하는 요건으로 여길 수는 있다. 달리 분석하면 시행령 제18조 단서라는 ‘법령’에서 ‘민감 정보의 처리를 요구하거나 허용하는 경우’로도 볼 수 있다.

문제는 민감 정보 처리에 관한 예외적 근거인 '법령'이 시행령 제18조 단서인 까닭에 추출된 생체 데이터와 같은 민감 정보를 공공기관이 동의 없이 처리할 수 있다는 점이다. 가령 개인정보법 제18조 제2항 제7호에 해당하는 '범죄의 수사와 공소의 제기 및 유지를 위하여 필요한 경우'라는 조건에 부합하면 생체 인식 특징 정보는 민감 정보가 아니게 된다. 개인정보법과 같은 법률적 근거 없이 공공기관이 AI 기술로 생체 인식 시스템을 운용할 수 있다고 우길 수도 있다. 중요한 것은 별도의 동의가 없더라도 공공기관의 업무 수행에 한정되는 법정 사유에 해당하면 공공기관은 네 가지 정보를 목적 외로 이용·제공할 수 있는 구조에 놓인다는 점이다. AI 시스템에 의한 민감 정보 처리의 위험성을 분류해 이를 규제하는 유럽연합(EU) AI법(Artificial Intelligence Act)을 거론하지 않더라도 현재의 기술 발전 수준이 반영되지 않은 현행법을 그대로 적용해서는 안 된다. 개인정보법이 제23조에서 처리 제한과 예외적인 제한적 허용이라는 구도로 민감 정보의 보호 밀도를 규정한 입법 취지에 부합하지 않기 때문이다. 이러한 법 해석은 시행령 단계에서 상위법의 본질적 내용을 훼손하고 민감 정보에 관한 정보 주체의 권리를 위축시킬 뿐이다. EU AI법은 ① 인종, 정치적 의견, 노동조합 가입, 종교적 · 철학적 신념, 성생활 또는 성적 지향의 추론을 위해 생체 데이터를 기반으로 개개인을 분류하는 생체 인식 분류 시스템, ② 법 집행 목적의 공개적 접근이 가능한 공간에서의 실시간 원격 생체 인식 시스템, ③ 인터넷이나 CCTV 영상의 얼굴 이미지를 임의로 수집하여 데이터베이스를 생성 · 확장하는 AI 안면 인식 시스템 등의 활용은 원칙적으로 금지한다. 한편 ① 사람임을 입증하는 것이 유일한 목적인 생체 검증 외의 원격 생체 인식 시스템, ② 민감한 특성의 추론에 기반한 AI 생체 분류 시스템, ③ 감정 인식 AI 시스템 등은 고위험군에 해당한다.

개인정보법 제18조 제2항의 제5호부터 제9호까지 규정에 따라 공공기관은 일반적인 개인정보를 목적 외의 용도로 이용하거나 제3자에게 제공할 수 있다. 그러나 이 역시 '정보 주체 또는 제3자의 이익을 부당하게 침해할 우려가 있을 때를 제외하고는'이라는 조건을 전제로 한다. 민감 정보의 개념에서 '사생활을 현저하게 침해할 우려가 있는 개인정보'라는 속성을 고려할 때 공공기관의 업무 수행에서 이러한 조건이 충족되지 않는 법 적용은 체계 정합성을 해칠 것이다.

참고문헌

한국인터넷진흥원(2020). 『개인정보 보호 법령 및 지침·고시 해설』. 개인정보보호위원회.

한국인터넷진흥원(2021). 『생체정보 보호 가이드라인』. 개인정보보호위원회.

European Data Protection Board(2020). Guidelines 3/2019 on processing of personal data through video devices.

Kindt, E.(2018). Having yes, using no?: About the new legal regime for biometric data. *Computer Law & Security Review, 34*(3), pp.523-538.

08
AI와 개인 위치 정보

위치 추적은 개인 감시의 전형으로 거론된다. 자동화 · 지능화 기술이 적용된 AI CCTV는 개인 감시의 확장된 버전이라 할 수 있다. 지능형 영상 정보 처리 기기인 AI CCTV에 안면 인식 기술이 장착되는 경우 개인의 위치 데이터와 생체 데이터가 처리된다. 영상 정보에 그치지 않고 개인의 자리와 옮김에 관한 정보가 활용되는 것이다. 위치 추적 이슈를 민감 정보 처리에 관한 논점으로 분석한다.

AI와 한의학?

AI 위치 추적, 전형적인 개인 감시의 확장

지속적으로 정부를 비판해 온 시위 주동자의 체포를 위해 위치 추적 목적에서 러시아 경찰은 실시간 안면 인식 기술(facial recognition technology, FRT)을 활용한 CCTV(폐쇄 회로 텔레비전)를 운용했다. 이러한 감시는 「유럽 인권 협약(European Convention on Human Rights)」 제8조의 사생활 존중 권리와 제10조에 따른 표현의 자유를 침해한 것이라고 재판관 전원 일치 의견으로 유럽인권재판소(European Court of Human Rights)가 결정했다. 우크라이나를 침공한 러시아가 회원국 자격을 박탈당하기 전인 2023년 7월의 일이다.

범죄 수사 대상이 아닌 일반인을 실시간 안면 인식으로 식별하는 법 집행 목적 공권력 행사는 권리 제한의 필요 최소성을 어기는 본질적 인권 침해가 된다. 안면 인식의 인권 침해 논란은 특정 국가에만 한정되지 않은 심대한 인권법적 함의를 품고 있으며, 아직 완전히 해소되지 않은 실정이므로 보다 확장된 논의가 필요한 상황이다. 안면 인식 정보는 개인정보로서 정보 주체인 개인이 특정한 시간에 위치하거나 존재했던 장소를 알려 줌으로써 그 행동 반경이나 이동 방향까지 파악할 수 있게 한다. 적절한 통제 없이 활용될 경우 마치 확정 판결로 범행에 특정된 범죄자가 아님에도 일반 개인이 위치 추적 전자 장치의 부착 없이 위치 추적 관제센터로 기능하는 영상 처리 기기를 통해 위치 추적 감시에 쫓기는 형국으로 내몰릴 수도 있다. AI 기술이 활용되어 안면 인식 정보를 처리하는 생체 인식 영상 정보 처리 기기에는 인간의 개입이나 관제센터와 같은 물리적 시설 없이 지능화된 기술 수준에서 자동적으로 운용되기 때문이다.

2024년 3월 13일 유럽 의회에서 승인된 유럽연합(EU) AI법(Artificial Intelligence Act)은 제5조에서 '금지되는 AI 실행 유형'을 명시하고 있다. EU의 기본권과 가치를 침해할 위험성이 크다고 판단되는 기술 유형이기 때문이다. ① 인터넷이나 CCTV 영상의 얼굴 이미지를 임의로 수집하여 안면 인식 데이터베이스를 생성 또는 확장하는 AI 시스템의 특정 서비스 제공 · 사용, ② 민감 정보의 추론을 위한 생체 인식 데이터 기반 생체 인식 분류 시스템의 특정 서비스 제공 · 사용, ③ 공개적으로 접근 가능한 공간에서의 법 집행 목적 실시간 원격 생체 식별 시스템(real-time remote biometric identification system)의 사용 등이 이에 해당한다. 다만 ③의 경우 (1) 특정한 유괴 · 인신매매 또는 성 착취 피해자의 표적 수색과 실종자 수색, (2) 생명이나 신체적 안전에 대한 실질적 위협 또는 현존하거나 예측 가능한 테러 공격 위협의 방지, (3) 일정한 범죄에 대한 수사·기소나 형사 처벌의 집행 목적의 용의자·범죄자 소재 파악 또는 식별 목적에서 필요한 경우 엄격한 요건에 따라 실행 가능하다. AI 기반 생체 정보 처리시스템이 감시 카메라로 포착된 영상 정보로 개인을 식별하고 위치 추적이 가능한 첨단 기술과 결합하여 운용되는 것은 EU AI법뿐만 아니라 현행 개인정보법에서도 허용되지 않는다.

「위치정보의 보호 및 이용 등에 관한 법률」(약칭 위치정보법)에 따라 긴급 구조에 필요하거나 「감염병의 예방 및 관리에 관한 법률」에 따라 감염병 예방 및 감염 전파의 차단을 위해 긴급히 필요한 때에 긴급 구조 기관 또는 경찰 관서의 장이 FRT를 활용하는 경우도 현행법상 근거가 없는 사례가 될 것이다. 그런데 개인정보법 제25조의2 제1항에서 이동형 영상 정보 처리 기기의 운용 요건으로 명시된 개인정보법 제15조 제1항 각 호는 정보 주체의 동의를 받은 경우와 공공기관이 법령 등에서 정하는 소관 업무의 수행을 위해 불가피한 경우를 포함하지만, 공공기관이 FRT로 처리하는 개인 영상 정보는 민감 정보이므로 별도의 동의를 받거나 법령에 명시된 경우에 한하여 사용될 수 있다.

자리와 옮김에 관한 데이터, 개인 위치 정보

모바일 디바이스의 위치 데이터(location data)는 곧 단말기 소지자가 옮겨 가는 자리를 나타낸다. 이로써 위치 정보를 활용하는 사업자나 이를 제공받는 제3자는 행태 분석을 통해 정보 주체를 프로파일링할 수 있다. 여기에 개인의 사생활에 관련되는 민감한 정보가 포함될 수 있어 프라이버시 침해의 개연성은 커진다.

동적 거동에 관한 데이터로 인식되는 정보 주체가 특정 시점에서의 존재 좌표로 식별될 수 있을 때 그 데이터는 위치 정보에 해당한다. 기술적 의미에서는 시간의 흐름에 따라 공간적으로 이동하는 정보 주체가 지구 좌표계상 어떤 지점을 점유하는 경우 그 지리적 위치에 관한 데이터를 일컫는다. 위치정보법 제2조는 제1호에서 "위치 정보라 함은 이동성이 있는 물건 또는 개인이 특정한 시간에 존재하거나 존재하였던 장소에 관한 정보로서 「전기통신기본법」에 따른 전기 통신 설비 및 전기 통신 회선 설비를 이용하여 수집된 것을 말한다."라고 규정하면서 제2호에서는 "개인 위치 정보라 함은 특정 개인의 위치 정보를 말한다."라고 명시해 개념을 구별하고 있다.

개인정보법에 따르더라도 범죄 수사나 국가 안보를

위해 필요한 경우 검사나 사법 경찰관이 수행하는 직무와 관련하여 안면 인식 정보를 처리할 수 있다. 이처럼 AI 안면 인식 시스템으로 처리되는 개인정보에는 「통신비밀보호법」이 규정하는 통신 사실 확인 자료로서 실시간 위치 추적 자료나 특정 기지국 정보가 포함될 수 있으므로 법제적 대응이 요구된다. 통신 사실 확인 자료가 특정 개인이 식별될 수 있는 위치 데이터라면 개인 위치 정보이기 때문이다. AI CCTV의 위치 추적에 필요한 대응책 마련은 기술적 수준에 입각한 현행 법규의 재검토에서부터 시작해야 할 것이다.

AI CCTV 기술에 의한 위치 데이터의 처리

지능형 영상 정보 처리 기기, 즉 AI CCTV는 지정된 위치에서 딥 러닝(deep learning) 프로세스를 통해 인물을 실시간 감지하는 단말 구조로서 알고리즘을 실행하여 경로를 판단하고 자동 추적하는 AI 시스템이다. 이동 반경에서 촬영 대상자의 동일인 여부를 식별하는 데 그치지 않고 개인의 신원까지 특정하여 추적할 수 있다는 점에서 권리 침해 양상의 재고가 필요하다.

특히 사람의 신체 동작을 자동으로 탐지하는 행동 인지 기술과 얼굴의 안면 데이터를 통해 개인의 신원을 특정 · 분별하는 FRT가 적용된 AI CCTV는 심각한 위협을 주는 AI 시스템이다. 카메라의 종류에 따라 목소리나 비명과 같은 음성 정보 등의 생체 정보를 수집한다. 이를 바탕으로 특정 지역에서 촬영한 영상을 실시간으로 분석해 물체의 움직임을 감지 · 분류하고 사전에 정의된 코드에 따라 사건을 인지하여 발생 상황을 자동 식별한다. 마침내 이를 관리자에게 알림으로써 사람의 24시간 영상 감시가 필요 없는 효율적인 관제 시스템을 운용할 수 있다. 종래에는 CCTV 영상의 확인을 위해 AI가 중앙 전산 장치로 영상을 보내고 이를 직접 내려받아야 했다. 이제는 AI CCTV가 상시 모니터링하며 비상 상황을 인지할 경우 사이버 경찰청이나 중앙관제센터로 해당 영상을 실시간 송신하라는 프로그램에 따라 데이터 처리가 가능하다.

그런데 FRT가 탑재된 AI CCTV나 지능화된 이동형 영상 처리 장치에 포착되는 안면 이미지는 개인 위치 정보로 해석될 수 있음을 유의해야 한다. AI CCTV의 감시 카메라와 FRT의 운용에 따라 개인 식별이 반복되고 개인의 위치 정보를 포함한 개인정보가 쉽게 취득되기 때문이다. 얼굴 특징점이 확보되고 데이터베이스화되면, 식별된 개인의 행동이 지속적으로 추적 가능하고 행동 패턴 파악과 성격 · 기호 등의 추정도 어렵지 않게 된다. 넓게 본다면 '개인이 생활하면서 발생하는 현재와 과거의 개인 위치이자 개인이 이동하는 동선과 관련된 내밀하고 사적인 사항'을 개인 위치 정보라 할 수 있다. 이러한 개인 위치 정보가 무분별하게 처리됨으로써 우리 헌법 제10조 및 제17조 등을 근거로 보장되는 사생활의 비밀과 자유 등과 같은 헌법적 가치가 침해될 위험이 기술 발달로 현저히 증대했다는 문제가 개인 위치 정보 현안에서도 핵심이 된다.

그 단면으로 AI CCTV나 지능화된 이동형 영상 처리 장치 활용에 따라 정보 주체는 익명성이 보장되지 않은 채 모든 행동 반경이 추적되는 감시망 속에서 이동 경로를 드러내며 걷게 됨을 고려해야 한다. 특별히 내밀한 개인 위치 정보가 사적 이익이나 범죄 행위 목적으로 악용될 경우 제2 · 제3의 권리 침해가 발생한다는 점도 헤아려야 한다. 지리적 위치 추적은 스마트폰 앱에서 거의 모든 경우 만연해져 있지만, 개인에 대한 물리적 추적을 가능케 하고 성적 취향이나 종교 · 건강 또는 인적 관계와 같이 그 데이터와 무관하고 이질적인 세부 정보를 추론할 수 있게 작동한다. 때문에 보호되어야 하는 고유한 영역에 피해를 줄 개연성이 분명코 심대하다(Lee & Chin,

2022).

특히 국가 기관은 고정적인 특정 장소에서 발생하는 사건을 단순히 지켜보는 것뿐만 아니라 데이터를 유동적으로 수집·분석·가공해 이용하고 있다. 더욱이 범죄 용의자 추적을 위한 FRT는 단지 특정인의 식별 이상으로 범행 사실의 추단에 활용되어 개인정보에 관한 권리 침해는 물론 추정과 추측의 오류를 낳고 공권력 남용으로 치닫기도 한다. 기존 CCTV에 드러난 종래의 한계를 극복하면서 AI CCTV의 지능형 기술은 다채롭게 발전하고 있다. 이제는 AI 메커니즘에 기반해 딥 러닝을 활용한 자율 시스템에 의해 다양한 환경 속에서 변화하는 얼굴 특징을 추출할 수 있게 되었다. 열화상 카메라를 활용해 원거리에 있는 사람을 추적하여 안면을 포착할 수 있으며, 안면 이미지가 검출된 사람의 위치 좌표를 확인하기도 한다. 좌표에 따라 좌우 회전 및 줌 인(zoom-in) 기능을 통해 안면 데이터라는 생체 정보의 복합적 자료 수집도 가능하다.

이렇게 일반 CCTV보다 피촬자인 정보 주체를 특정하는 식별도가 비교할 수 없을 만큼 정확한 AI CCTV 운용은 기존 시스템의 가동 양상과 비교할 때 위험도가 매우 높다. 불특정 다수의 일반인 가운데 무고한 한 사람을 잠재적 범법자로 취급하여 감시함으로써 인간 존엄성을 훼손하고 사회적 감시 체계를 만연하게 조장할 수 있기 때문이다. 그래서 AI CCTV는 개인정보법과 그 시행령이 규율하는 영상 정보 처리 기기가 아니므로 정보 주체의 동의가 없는 한 그 설치·운영에 대하여는 개별적인 법률상 근거가 필수적이다. AI CCTV 시스템은 일반 CCTV 단말기뿐 아니라 센싱 기능을 가진 다양한 기기로부터 영상 정보를 제공받아 실시간 분석하고 네트워크 전송까지가 자동화되어 있는 등 현격한 기술적 차이를 가지므로 감시 기제의 차별성을 고려해야 한다. 특히 경찰 작용에서 무단으로 운용되는 경우 적법 절차를 거치지 않고 법률 유보의 원칙에 위배되는 까닭에 위헌인 공권력 행사가 된다.

요컨대 AI CCTV로 처리되는 데이터는 개인정보로서 영상 정보에 해당하고 정보 주체의 물리적 이동과 그 동선을 파악할 수 있게 하는 위치 정보가 될 수 있다. 특정 개인을 식별할 수 있게 하는 영상 정보는 개인정보에 포함되는 개념이지만, 영상 정보가 이름·성명 및 전화번호 등과 같은 일반적인 개인정보와 다르다(European Data Protection Board, 2020). 영상 정보의 처리에서 정보 주체는 동의 없는 수집 대상이 되어 명확하게 특정된다는 점, 서로 다른 위치에서 보관 중인 영상 정보를 연결함에 따라 위치와 동선의 파악도 가능하다는 점, AI 기술의 발전에 따라 단순 알고리즘을 통한 정보의 활용·분석 수준에서 나아가 복잡한 생체 인식 기술을 통해 활용될 수 있다는 점 등이 그 이유가 된다. 따라서 CCTV와 같은 영상 정보 처리 기기에 의한 것이 아닌 일반적인 개인정보 처리를 규율하는 개인정보법 제15조 내지 제18조 등을 FRT가 장착된 지능형 정보 처리시스템에 그대로 적용할 수 있는지는 면밀하고 다각적인 검토를 요한다. 일반적인 개인정보와 달리 민감한 생체 정보에 해당하고 위치 정보의 성격을 지닌 개인정보의 처리에 관한 문제이므로 통제와 규제에 적합한 법 제도 정립이 전제되어야 하기 때문이다.

참고문헌

이민영(2023). 법집행 목적의 안면인식정보 처리에 관한 법제 연구. ≪법제≫, 702호, 139-140쪽.

European Data Protection Board(2020). Guidelines 3/2019 on processing of personal data through video devices.

Glukhin, N. vs. Russia(2023.7.4). Application No. 11519/20. ECtHR(European Court of Human Rights).

Lee, T. & Chin, C.(2022). Police surveillance and facial recognition: Why data privacy is imperative for communities of color. *The Brookings Institution.*

09
정보 주체의 대응권

개인정보 기반 AI 서비스의 보편적 확산에 알맞은 사회적 안전장치는 이를 안심하고 사용할 수 있는 선순환 구조의 전제 조건이 된다. 특히 직접적인 인적 개입 없는 완전히 자동화된 AI 시스템에 의한 결정은 사회적 파급력과 확장성은 매우 크다. 이에 따라 개인정보법의 개정으로 자동화 결정에 대한 거부 및 설명 요구 등 정보 주체의 대응권이 AI 개인정보 처리의 투명성 확보를 위해 도입되었다.

AI와 화장품?

자동화된 데이터 처리와 결정에 대한 대응

2023년 개인정보법의 개정으로 신설된 제37조의2에 따르면, 정보 주체는 개인정보 처리자가 '자동화된 결정'(AI 기술을 적용한 시스템과 같이 완전히 자동화된 시스템에 의한 개인정보 처리로 이루어지는 결정)을 한 경우 그 결정에 대하여 설명 · 검토 등을 요구할 수 있다. 자동화된 결정이 정보 주체의 권리 또는 의무에 중대한 영향을 미치는 경우에는 개인정보 처리자에 대하여 해당 결정을 거부할 수 있는 권리를 가진다. 다만 ① 정보 주체의 동의를 받은 경우 및 ② 법률에 특별한 규정이 있거나 법령상 의무를 준수하기 위하여 불가피한 경우 그리고 ③ 정보 주체와 체결한 계약을 이행하거나 계약을 체결하는 과정에서 정보 주체의 요청에 따른 조치를 이행하기 위하여 필요한 경우에 이루어지는 자동화된 결정을 거부할 수는 없다.

이처럼 AI 데이터 처리 방식과 의사 결정 절차의 투명성 강화를 위해서는 완전히 자동화된 개인정보 처리 영역에서 정보 주체의 대응권이 보장되어야 한다. 결정에 따른 결과 자체의 공정성 확보를 위한 제도가 아니라는 점은 유의해야 한다. 아울러 자동화된 결정은 '완전히 자동화된 시스템에 의한 개인정보 처리'로 이루어진 결정이어야 한다. 즉, 정보 주체의 개인정보를 자동화된 시스템을 통해 실질적인 자동화된 처리 절차를 거쳐 의미 있는 데이터를 추출하는 과정이 필수 요건이 된다. 뿐만 아니라 자동화된 결정은 '정보 주체의 권리나 의무'에 영향을 주는 개인정보 처리자에 의한 최종적인 결정을 뜻한다. 물론 '완전히 자동화된 시스템'에 의한 '개인정보 처리'와 '결정' 사이에 '실질적 관련성'이 있어야 한다.

개인정보 처리자는 정보 주체가 자동화된 결정을 거부하거나 이에 대한 설명 등을 요구한 경우에는 정당한 사유가 없는 한 자동화된 결정을 적용하지 아니하거나 인적 개입에 의한 재처리 · 설명 등 필요한 조치를 하여야 한다. 또한 자동화된 결정의 기준과 절차 및 개인정보 처리 방식 등을 정보 주체가 쉽게 확인할 수 있도록 공개해야 한다. 자동화된 결정에 대한 대응권에 따라 정보 주체는 설명이나 검토를 요구할 수 있으며, 설명 요구 시 자동화된 결정에 대한 간결하고 의미 있는 설명을 제공하고 검토 요구 시에는 제출된 의견의 반영 여부를 검토한 후 그 결과를 통지해야 한다. 자동화된 결정에서 생명 · 신체 · 재산 등 자신의 권리 또는 의무에 중대한 영향이 있는 까닭에 정보 주체가 결정을 거부하는 경우에는 자동화된 결정의 적용을 정지하거나 인적 개입에 의한 재처리 후 결과를 고지하는 등 적절한 조치를 이행해야 한다.

자동화된 결정에 대한 정보 주체의 대응권은 인류의 보편적 · 세계적 가치 체계와 의미 구조로 설정되고 실현되는 인권(human rights) 개념에서 비롯된다. 인권이란 인간이 인간답게 존재하기 위한 인간의 보편적인 모든 권리 및 지위와 자격의 총칭이며, 개인의 권리 개념에 기초한 사상적 · 실천적 관념이다(이민영, 2018). 개인정보 자기 결정권과 같이 정보 사회의 현실적 지침과 기준에 관한 규범적 정보 질서에서 보장되어야 하는 정보 인권은 그 주축이 된다.

정보 주체에 대한 대응권 인정 요건과 예

'자동화된 결정'의 대상 여부에는 ① '완전히 자동화된 시스템'에 의할 것, ② '완전히 자동화된 시스템으로 개인정보를 처리'하여 이루어질 것, ③ '개인정보 처리자가 내린 결정으로서 정보 주체의 권리 또는 의무에 영향을 미치는 결정'일 것, ④ '완전히 자동화된 시스템에 의한 개인정보의 처리'와 '결정' 사이에 '실질적 관련성'이 있을 것 등의 요건이 있다.

①에 따르면 해당 결정이 '해당 결정의 변경 등을 할

수 있는 정당한 권한을 가진 사람의 실질적이고 의미 있는 개입' 없이 완전히 자동화된 시스템으로 이루어져야 한다. 예컨대 고객 민원에 대한 상담 업무만을 담당하는 직원은 '자동화된 시스템에 의해 결정된 육아 수당 지급 취소 결정'을 변경할 수 있는 권한이 부여되어 있지 않으므로 설령 상담을 진행했더라도 실질적 의미의 인적 개입이 있었다고 볼 수 없는 까닭에 위 결정은 자동화된 결정에 해당한다. 같은 취지에서 AI 면접만으로 응시자의 개인정보를 분석하여 불합격 결정을 하는 경우 인적 개입이 있었다고 볼 수 없으므로 자동화된 결정에 해당하지만, 권한 있는 인사 위원회를 통해 실질적으로 채용 여부를 결정하는 절차를 운영하면서 AI 시스템에 의해 산출된 자료를 참고하고 다른 요소와 함께 종합적으로 검토하여 최종 결정을 내리는 경우에는 인적 개입이 있었다고 볼 수 있으므로 자동화된 결정에 해당하지 않는다. 물론 자동화된 시스템에 의한 처리 과정에서 실질적인 인적 개입이 있는 경우에는 자동화된 결정에 해당하지 않아 별도의 조치 의무가 발생하지 않는다. 그래도 개인정보 처리자는 실질적인 인적 개입이 있었는지에 대한 입증이 필요하므로 결정 과정 중 사람의 개입이 어떤 단계에서 어느 정도로 일어나는지 확인하고 기록하는 것이 바람직하다.

②를 기준으로 보면, 대응권이 정보 주체인 사람의 개인정보 자기 결정권을 보호하려는 취지이므로 해당 정보 주체의 개인정보 처리에 따른 결정이어야 한다. 가령 AI 배차 플랫폼을 운영하면서 플랫폼 이용 사업자의 이용 기록 및 패턴(행태 정보)을 분석하여 이용 계정 중지 여부를 결정하는 경우 '해당 결정의 대상이 되는 정보 주체의 개인정보'는 대응권의 대상 요건을 충족한다. 그렇지만 개인정보 처리자가 자신의 웹사이트 등에 게시된 불법 콘텐츠에 대한 자동화된 모니터링을 통해 법률상 임시 조치 기준에 따라 해당 게시물에 대해 블라인드 처리 등의 조치를 한 경우 게시자인 정보 주체의 개인정보를 처리한 것은 아니므로 자동화된 결정에 해당하지 않는다.

③에 의할 때 해당 결정은 '개인정보 처리자에 의해 내려지는 최종적 결정'을 의미하고 정보 주체의 권리 또는 의무에 법적 영향을 미치는 경우여야 한다. 그래서 개인정보 처리자가 추천하고 정보 주체가 선택 · 결정하는 맞춤형 광고 · 뉴스 추천 등은 개인정보 처리자에 의한 결정이 되지 않는다. 그러나 AI 채용 분야에서 서류 심사 · 적성 검사 단계에서만 자동화된 결정이 이루어지고

면접은 인적 개입이 있다면, 불합격자의 경우는 서류 심사가 최종적 영향을 받게 되므로 최종적인 결정으로 보아야 한다.

④의 요건으로 살펴본다면 완전히 자동화된 시스템을 이용해 입사 지원 서류에 포함된 개인정보를 분석·가공한 결과가 채용 여부의 결정에 실질적 영향을 미치는 등 관련성이 있는 경우 '개인정보의 처리와 결정 사이의 실질적 관련성'이 인정되어 요건을 충족하게 될 것이다. 하지만 취학 연령 아동의 거주지·성별 등 정보를 단순 난수화하여 무작위 추출(random sampling)을 통해 기계적으로 학교를 자동 배정하는 경우는 이에 해당하지 않는다.

자동화된 데이터 처리와 결정의 주체 문제

개인정보법은 '개인정보 처리자'를 '업무를 목적으로 개인정보 파일을 운용하기 위하여 스스로 또는 다른 사람을 통하여 개인정보를 처리하는 공공기관, 법인, 단체 및 개인 등'으로 정의한다. 개인정보 파일은 '개인정보를 쉽게 검색할 수 있도록 일정한 규칙에 따라 체계적으로 배열하거나 구성한 개인정보의 집합물'로서 개인정보 처리자의 범위를 획정하는 요건이며, 업무 목적이라는 용어도 같은 맥락에서 규제 대상을 한정하고 있다. 그런데 개인정보 처리자는 '사람(人)'이 전제되는 개념이기 때문에 개인정보를 처리하는 AI가 '개인정보 처리자'에 해당하지 않는다고 볼 수도 있다. 반면 '개인정보 처리자'의 개념 요소인 '등'에 관하여 시행령은 개별 공공기관만 나열하고 있을 뿐이므로 AI는 '개인정보 처리자' 범주에서 전면 배제될 대상이 아니라고 볼 수도 있다.

법률 행위에 대한 AI의 주체성 인정 여부는 태아(胎兒)나 법인(法人)과 같이 전통적인 '사람' 개념에 포섭되지 않는 실재적 관념에 법적으로 인격을 부여할 필요가 있는지의 논의에서 출발한다. 여기서 기존 법 이론 체계의 본질적 요소로 설명 가능한 논제인지 아니면 새로운 패러다임에서 구축되어야 할 입법적 난제인지 검토는 중요한 문제다. AI 로봇이 법적 인과 관계의 연속에서 '사람'의 개입 없이 스스로 인식하고 판단하며 행동하는 단계의 기술적 수준을 고려한다면 법적 책임이 '사람'에 전속(專屬)된다는 논리의 재구성은 필연적일 수밖에 없다.

이미 2017년 1월 12일 유럽연합(EU)은 AI 로봇에 '전자인(electronic person)'으로서 법적 지위를 부여하는 의회 결의안을 채택한 바 있다. 이와 같은 '전자적 법인격'의 AI 로봇에 대한 부여는 AI 로봇이 권리 능력을 보유하고 권리 의무 관계의 주체가 되는, 이른바 '포스트 휴먼(post human)'으로서의 실존적 실체성의 인정이다. "포스트 휴먼에서는 신체를 가진 존재와 컴퓨터 시뮬레이션, 사이버네틱스 메커니즘과 생물학적 유기체, 로봇의 목적론과 인간의 목표 사이에 본질적 차이나 절대적 경계가 존재하지 않는다."(Hayles, 2013)

그런데 AI가 고도의 자율성을 기술적으로 형성하고 있지만 실질적인 예측이나 통제가 어려울 뿐만 아니라 AI에 의한 특정된 결정은 알고리즘의 적용으로 구현되는 결과에 불과하다는 견해도 간과할 수 없다. AI의 자율성은 개발자의 설계와 사용자의 설정에 기초한 추정된 의사의 표시이고 임의적 자발성이 없으므로 AI에 대한 독립적이고 포괄적인 법인격의 전면적 인정은 오히려 AI 기술 사용자의 책임 회피로 귀결될 수 있기 때문이다. 반면 인간의 자유의사에 기초한 책임 귀속이 아니라 형사 책임 비난은 사회적 요구와 기대를 행위자가 충족하지 못한 결과에 대한 사회적 비난으로 이해하는 행위 책임론을 주목해야 한다. 범죄 행위와 형사 책임에 관한 이와 같은 사회적 책임 논의는 형법 이론 체계에서 인적 개념을 확장하여 AI의 범죄 능력 · 행위 주체성을 인정할 수 있는 탈존재론적 접근인 까닭에 그러하다(윤지영 외, 2017).

일회적인 경우를 포함하여 사회적 지위에서 지속적으로 수행되는 사무나 영업은 부수적이더라도 업무에 해당하므로 AI에게 업무 목적의 개인정보 파일 운용을 위한 개인정보 처리 행위의 주체로서 갖추어야 할 요건이 전무한 것은 아니다. 하지만 업무 목적 개인정보 처리도 개인정보 처리자의 업무이므로 현행법상 요건이 충족되려면 AI가 스스로 또는 제3자를 통해 개인정보 처리 업무 수행의 행위 주체로 포섭되어야 한다.

개인정보 처리 업무 위탁의 경우처럼 개인정보 처리를 위한 '업무 목적'에서의 업무는 개인정보 처리자의 업무가 아닐 수도 있지만, '업무 목적' 개인정보 처리의 행위는 부수적이라 해도 개인정보 처리자의 업무라고 새겨야 할 것이다. '업무 목적'에서의 업무 그 자체가 개인정보 처리일 수도 있다. 따라서 AI의 행위 주체성 인정의 본질은 '스스로 또는 제3자를 통하여'라는 실행 방식 측면의 행위 주체성이 아니라 '개인정보 처리 업무 수행'에 관한 책임 귀속 차원의 행위 주체성이다. 현재의 기술적 수준으로도 사람이 설계 · 배치한 알고리즘과 사람이 지정 · 입력한 프로그램의 지시 · 명령에 따라 AI가 개인정보 처리 행위를 수동적이지만 사실상 실행하고 있다. 따라서 행위 책임 관점에서 AI의 행위 주체성은 인정된다. 여기서 주체성의 핵심은 실행 행위의 배타적인 자동성이 아니라 객관화된 처리 업무의 책임성일 것이다. 개인정보법이 명시한 책임에서 그 귀속 주체가 법규 위반 행위자가 아니거나 위반 행위 구성 요건이 개인정보 처리 업무에 해당하지 않는 경우도 물론 존재한다. 다만 그 본연적 의의는 정보 주체의 권리 보장이라는 정당한 입법 목적에 부합하게 개인정보 처리자를 필요 최소한 규제하고 같은 취지에서 위법한 개인정보 처리 업무 수행에 관한 책임을 묻는 데 있다.

그런데 개인정보 처리자는 개인정보법 제31조에 따라 개인정보 처리 업무의 총괄 책임 사무를 독립적으로 수행하는 '개인정보 보호 책임자'를 지정해야 하지만, 이러한 의무가 AI에게 강제된다고 여길 수 없다. 무엇보다도 '개인정보를 처리하는 공공기관, 법인, 단체 및 개인 등'이라는 개념 요소에 비추어 보면 AI가 '개인' · '법인' 또는 '등'에 포함되어야 할 텐데, '전자 인격' 도입의 입법론과 달리 결정적으로 AI를 자연인인 '개인'이나 '법인'으로 새기는 데는 무리가 따른다. 해석론으로 책임 귀속 차원의 행위 주체성 기준에 근거하여 AI를 '개인정보 처리 업무 수행으로 이를 책임질 사람과 유사한 법적 지위에 있는 현상적 존재'로 읽을 수 없다면 말이다. 도구 개념의 AI는 개인정보 처리자가 아니기 때문이다.

참고문헌

개인정보보호위원회(2024.9.26). 『자동화된 결정에 대한 정보주체의 권리 안내서』.

윤지영 외(2017). 『법과학을 적용한 형사사법의 선진화방안: 인공지능기술』. 한국형사정책연구원.

이민영(2018). 「국가인권위원회법」의 개정방향에 관한 연구. ≪홍익법학≫, 19(4), 430쪽.

Hayles, N.(1999). *How we became posthuman: Virtual bodies in cybernetics*. University of Chicago Press Journals. 허진 옮김(2013). 『우리는 어떻게 포스트휴먼이 되었는가』. 플래닛.

10
AI와 정보 보호

AI 개인정보 보호 이슈를 정보 보호 관점에서 'AI의 프라이버시', 'AI에 의한 프라이버시' 및 'AI로부터의 프라이버시' 개념으로 재구성할 수 있다. 세 가지 모두 AI 시스템의 윤리적 사용으로 형성되는 신뢰성과 책임성의 법적 요소가 된다. 같은 맥락에서 AI 기술의 활용에 안전성 기반 접근 방식을 구현하면서 새로운 디지털 개인정보 교육을 활성화해야 한다.

종교와 AI?

프라이버시와의 상관성에서 AI 안전성 확보

AI를 도구 개념으로 이해하고 기술 중립적 관점에서 보더라도 AI 시스템을 통해 실행되는 데이터 처리는 효능과 해악의 길항적 대립 관계 속에 있다. 더욱이 AI 서비스는 개인정보 처리의 목적 및 방법 그리고 개인정보 보유·이용 기간이 기존 서비스와 다르다. AI 기술의 안전성 여부가 핵심이다. 엄밀히 말하면 개인정보 보호(data protection)는 사생활의 비밀과 자유라는 소극적 의미의 프라이버시(privacy)와 구별된다. 물론 인간 존엄의 인격적 가치로서 프라이버시 개념은 자아의 경계를 설정하고 자의식의 발견과 성장을 견인하는 결정적 요인이다(Whitman, 2004). 다만 프라이버시라는 용어를 활용하면 정보 보안(security)과 결부하여 정보 보호(information protection) 관점에서 AI 개인정보 보호 이슈를 재구성할 수 있다.

첫째, 'AI의 프라이버시(privacy of AI)'다. AI 시스템에 의해 수집·저장 및 취급되는 데이터의 보호와 안전, 즉 정보 보안 문제를 뜻한다. 빅 데이터 기술 적용에 따라 AI 시스템으로 처리 가능한 데이터의 양은 방대하게 폭증하므로 AI 시스템으로 통합·집중되는 데이터의 안전한 보존은 핵심 과제일 수밖에 없다. 특히 개인정보 무단 접근이나 데이터 유출로 발생하는 심각한 프라이버시 침해에 대한 예방적 대응 조치가 요구된다. 한편 생체 데이터 수집 목적의 웹 크롤링(web crawling) 또는 웹 스크래핑(web scraping) 등 기술 활용으로 프라이버시 침해는 심화된다. 웹 크롤링은 웹 페이지를 돌아다니면서 어떤 데이터가 어디에 있는지 검색하고 색인(index)을 만들어 데이터베이스(DB)에 체계화하는 기술을 말한다. 한편 웹 스크래핑이란 소프트웨어를 통해 웹사이트나 프로그램 화면의 데이터 소스에서 데이터를 자동으로 추출·저장하는 기술이다. 빅데이터 기법에서는 크롤링을 통해 필요한 데이터가 어디에 있는지 알아낸 다음, 스크래핑을 통해 데이터를 수집·저장하여 분석하는 등 두 가지 기술을 결합해서 사용하기도 한다. 이 같은 위협으로부터 방어되는 AI 시스템이 설명 가능하고 투명한 방식으로 책임 있게 데이터를 처리하는 거버넌스에 놓임으로써 편향되거나 불공정한 결정은 최소화되어야 한다. AI 프로세스의 학습 데이터 수집 출처 검증·관리 및 처리 기준 정립과 미세 조정을 통한 안전 장치 추가도 제도화될 필요가 있다.

둘째, 'AI에 의한 프라이버시(privacy by AI)'를 들 수 있다. 프라이버시 보호를 강화하기 위한 AI 기술의 사용을 포함하는 개념이다. 이에 따라 개인정보 보호를 위해 AI 시스템의 출력이 개별 데이터 포인트를 드러내지 않게 차등 보장하는 시스템의 설계가 가능하다. 개인정보의 노출 없이 그 데이터의 특성만 참조하여 가공한 데이터 세트(data set)로 합성 데이터를 생성하는 방법이 활용될 수도 있다. 데이터에 대한 무단 접근을 방지 · 차단하는 프라이버시 강화 기술(privacy enhanced technologies, PETs)의 채택도 그중 하나다.

셋째, AI 시스템이 초래할 수 있는 잠재적인 프라이버시 침해로부터 개인을 보호하는 데 중점을 두는 'AI로부터의 프라이버시(privacy from AI)'가 필요하다. AI로부터의 프라이버시 보장을 위해서는 실효성 있는 법적 기반에 기초한 윤리적 관행 및 기술적 해결 방안의 체계적 연동이 필수적이다. 주지하듯이 AI 기술에 의한 얼굴 인식 등 생체 데이터의 수집과 분석은 광범위한 대규모 감시에 사용될 수 있으며, 개인의 행동에 대한 추적과 모니터링은 프라이버시 침해로 이어질 수 있다. 뿐만 아니라 AI 시스템으로 수집되는 데이터는 동의 없이 공유될 수 있으며, 개인에 대한 프로파일링으로 생성된 데이터는 차별적인 관행에 악용될 수도 있다. 더욱이 이러한 데이터 오용의 확산 과정에서, 현재로서는 블랙박스 알고리즘에 의해 불투명하게 작동되기 쉬운 AI 시스템의 연동으로 더 많은 데이터가 처리될 수 있는 위험의 확장도 가능하다.

사이버 위협에 맞서 AI 시스템을 통해 사이버 공격과 데이터 유출의 위협에 대한 탐지 · 예방 및 대응을 자동화할 수 있다. 사이버 위협으로부터의 보호를 포함하는 AI 보안은 AI를 사용하여 보안 태세를 강화하는 과정을 말한다. AI 시스템에 의해 수집 · 저장 및 취급되는 데이터의 보호와 안전에 관한 'AI의 프라이버시(privacy of AI)'가 기본 개념이 된다. 또한 프라이버시 보호의 강화를 위해 AI 기술을 사용하는 'AI에 의한 프라이버시(privacy by AI)'가 보안 영역에 적용되는 것이라고 이해할 수도 있다. 일반적으로 AI 보안은 머신 러닝(machine learning, 기계 학습)과 딥 러닝(deep-learning, 심층 학습)을 사용해 트래픽 동향 및 앱 사용 · 검색 습관 등 다양한 네트워크 활동에 관한 방대한 데이터의 분석으로 시작된다. 데이터 분석으로 AI는 패턴을 발견하고 보안 기준선을 설정할 수 있기 때문이다. 기준선을 벗어난 네트워크 활동은 즉시 이상으로 표시되어 잠재적 사이버 위협으로 간주된다. 이에 따라 신속한 대응이 가능하다. 결정적으로 AI 보안을 통해 위협 탐지 및 대응을 자동화함으로써 사이버 공격을 방지하고 실시간 공격자 포착이 용이하게 된다. 악성 소프트웨어를 식별하고 격리하여 악성 코드 공격을 방지할 수 있다. 반복적 로그인 시도를 인식하고 차단하여 무차별 대입 공격을 탐지하는 것도 가능하다. 안전성 확보를 위한 지속적 모니터링과 기계 학습 알고리즘 사용으로 진화하는 사이버 위협에 능동적으로 적응할 수 있다.

'AI의 프라이버시'와 'AI에 의한 프라이버시' 그리고 'AI로부터의 프라이버시' 개념은 밀접하게 관련되어 있다. AI 시스템의 윤리적 사용으로 형성되는 신뢰성과 책임성의 법적 요소가 되기 때문이다. 하지만 AI로써 프라이버시가 일부 강화될 수 있더라도 AI에 관철되어야 할 프라이버시와 AI로 발생하는 위협에 대응할 프라이버시 문제의 근본적 해법으로 적용 가능한 기준과 수단이 확립되어야 한다. 그렇지 않으면 안전에 취약하게 된 AI 기술의 활용이 해결하지 못한 법적 과제로 남는다.

AI 시스템의 결정 과정을 설명하는 기술

AI는 방대한 양의 데이터를 통해 구조나 배열 등의 통계적 상관관계를 파악하여 결괏값을 도출한다. 이러한 AI 학습은 텍스트나 이미지 등 비정형 데이터를 기계 학습

가능 형식으로 변환하여 패턴을 찾는 것이다. 그래서 그 주된 목적을 개인 식별이라고 단정할 수도 없고 학습 과정에서 개인 식별 가능성이 저감될 수도 있다. 그러나 데이터의 수집 · 저장 · 가공 등 개인정보 처리를 수반하는 AI 학습이 완료되는 경우 AI 시스템에 개인을 식별할 수 있는 데이터가 내장되거나 학습 데이터에 포함된 개인정보가 유출될 가능성이 완전히 제거되지 못한다. 보다 우려스러운 것은 개인정보를 포함한 프롬프트의 입력으로 개인에 관한 결괏값이 출력되고 입 · 출력 데이터는 AI 학습 목적으로 재활용되는 구조 속의 AI 시스템에서 데이터를 식별 혹은 추론 목적으로 활용할 경우 프라이버시 침해의 폐단이 훨씬 크다는 점이다.

생성형 AI가 제공하는 이러한 AI 서비스는 대규모 언어 모델(large language model, LLM)의 개발로 인간과 흡사한 자연어 처리가 가능해짐에 따라 각광받아 왔다. 그런데 LLM의 논리 이해 방식이 제한적이며, 합리적 추론 설명과 계층적 계획 수립에 한계가 있다는 지적이 우세하다. 더욱이 학습으로 형성된 훈련 데이터에 의존해 답변을 생성하는 LLM의 경우 본질적으로 안전성에 허점이 있을 수밖에 없다. 이를 보완하기 위해 실제 물리적 세계와의 상호 작용 능력을 갖춘 새로운 형태의 소프트웨어 프로그램으로서 대규모 행동 모델(large action model, LAM)의 개발이 확산하고 있다. 방대한 데이터에만 의존하는 LLM과 비교해 예를 들면, 이메일 초안을 작성하는 정도에 그치는 LLM 기반 서비스와 달리 LAM 기반 서비스는 이메일의 전송 대상과 시기까지 관리하고 이용자의 스마트폰에 접속해 인간을 대신해서 업무를 처리하는 능력을 보유한 수준에 이른다.

LLM에서는 '설명 가능한 AI(explainable AI)' 기술이 주목받았다. AI의 예측값이 어떻게 도출된 것인지 사람이 이해할 수 있는 형태로 설명을 생성하는 알고리즘인 '설명 가능한 AI'는 머신 러닝 · 딥 러닝 등 블랙박스 시스템의 설명에 유용한 것으로 논의되어 왔다. 이제는 LAM을 토대로 AI 시스템이 의사 결정과 문제 해결 과정에서 능동적인 역할을 수행할 수 있게 되어 단순한 데이터 분석을 넘어 실제로 작업을 수행하는 '실행 가능한 AI(actionable AI)'로 빠르게 진화하고 있다. 다만 LAM의 작동에는 민감한 개인정보도 포함하는 광범위한 데이터와 다양한 플랫폼 · 디바이스의 연결이 필수적이므로 정보 보안이 주요 쟁점으로 대두된다. LAM이 내장된 스마트워치와 피트니스 트래커의 경우 이용자의 위치 데이터나 걸음 수 · 심박수 및 수면 패턴 등 건강 데이터를 지속적으로 처리할 수는 있지만, 비식별 기술이 LAM에 적용되더라도 제각기 모인 통합 데이터에는 재식별 가능성이 엄존하기 때문이다. 플랫폼마다 보안 정책과 프로토콜이 다른 까닭에 일관성 있는 데이터 보존은 곤란하다. 분산된 데이터가 중앙에서 통합 관리되지 않아 데이터의 정확성 · 최신성 확보에도 한계가 있다.

AI 시대의 개인정보 처리 그리고 법

새로운 과학 기술의 도입에는 늘 기대와 염려가 공존해 왔다. 이른바 기술 유토피아(techno-utopian) 시각과 기술 디스토피아(techno-dystopian) 관점의 혼재는 그 간극을 메울 수 있는 정책 결정에 딜레마로 작용해 온 것이 사실이다. 특히나 과학 기술의 도입이 개인의 자유와 권리를 제한하는 경우에는 그 대립이 첨예하게 극명화되어 사회적 분열을 유발하기도 한다. 급격히 변화하고 있지만 기술은 그 자체로는 기본적으로 중립적이다. 다만 그 실행 목적과 구현 방법에 따라 심각한 권리 침해로 귀결될 수 있는 반면, 오히려 기술이 적극적인 권리 보호에 기여할 수도 있다. 따라서 법제 정비로써 기술이 긍정적으로 사용되도록 규율 · 유도하고 기술 사용에 의한 권리 침해를 통제 · 규제해야 한다. 그러나 웬만하면 기술이 법을 앞지르기 마련이다. 그래서 법제 정비는 기술 발전을 염두에 두고 '존재하는 법(de lege lata)'인 실정법의 흠결을 보완하여 '존재해야 할 법(de lege ferenda)'의 가치 기준 정립에서 시작해야 한다.

현존하는 지능형 시스템의 기술적 수준이 완전 자동화된 상황에서 AI가 행위자로서의 책임 주체가 된다고 이해하는 데는 무리가 있다. 따라서 개인정보 처리자가 아닌 정보 처리 시스템으로서 지능형 기기에 관한 논의는 AI 기술의 영향을 예측 가능한 범위 내로 한정하여 법적 문제를 해석하고 그 범주 안에 입법론의 기준이 정립되어야 할 것이다. 그 핵심은 이 같은 규율이 침해적 기술로부터 개인의 권리를 보호하는 법제의 정책적 정당성을 확인하는 데 있다. 그 중심에 개인의 인간 존엄성 보장이라는 입법 목적이 존재한다. 개인정보가 급속도로 발전하고 확산이 증폭되는 첨단 기술로 처리되므로 여기서 데이터의 특성과 침해되는 권리의 속성에 대한 가치 판단이 중요하다. 이에 따라 데이터 처리 방법과 데이터 처리로 인해 이익을 침해하는 결과의 제어에 관한 정책 방향이 결정되어야 한다. 이렇게 권리 보호 방안이 제시되면 사전 예방적 효과를 기대할 수 있는 법 제도로 규율되어야 하겠다.

불투명한 AI 기술의 악용에 대한 우려 속에 기술 발전의 속도는 배가되는 반면 제도 개선은 지연되어 왔다. 변화하는 기술 환경을 확장된 논리나 모호한 유추로 수용하려는 무리한 해석은 잘못된 추론이다. AI 생태계도 마찬가지다. 그러나 법률은 악의적 기술 사용을 억제하기 위한 유일한 규제 메커니즘으로 기능해서는 안 된다. AI 기술의 설계와 배포에 안전성 기반 접근 방식을 구현하면서 새로운 디지털 시대의 표준이 되는 디지털 개인정보 교육을 활성화해야 한다. 안전성 기반 접근의 경우 특히 GDPR(general data protection regulation, EU 일반 개인정보법)에 천명된 '설계 당시 및 초기 설정 프라이버시(privacy by design and default)'와 '개인정보 영향 평가' 이행에 초점을 맞춰야 할 것이다. 그러나 개인정보법은 개인정보 처리자가 일정한 요건에 해당하는 공공기관인 경우에만 개인정보 영향 평가를 의무화하고 있을 뿐이다. 반면 19개 법안을 조율한 내용으로 구성되어 2025년 1월 21일 제정되고 2026년 1월 22일 시행될 예정인 「인공지능 발전과 신뢰 기반 조성 등에 관한 기본법」은 AI 사업자에 대하여 영향 평가를 강제하고 있지 않다. '범죄 수사나 체포 업무를 위한 생체 인식 정보(얼굴 · 지문 · 홍채 및 손바닥 정맥 등 개인을 식별할 수 있는 신체적·생리적·행동적 특징에 관한 개인정보를 말한다)의 분석 등에 활용되는 인공지능 시스템'의 경우와 같이 사람의 생명, 신체의 안전 및 기본권에 중대한 영향을 미치거나 위험을 초래할 우려가 있는 '고영향 인공지능'을 전면 금지한 것도 아니다. 개인정보법은 제6조 제2항에서 "개인정보의 처리 및 보호에 관한 다른 법률을 제정하거나 개정하는 경우에는 이 법의 목적과 원칙에 맞도록 하여야 한다."라고 규정하고 있다.

참고문헌

한국인터넷진흥원(2024). LLM 대안으로서의 LAM: 최신 동향과 개인정보보호 이슈. ≪개인정보보호 월간동향분석≫, 2024-09, 1-8쪽.

Ryan, J. & Lazo, M.(2024). *AI Data Privacy and Protection*. Technics Publications.

Whitman, J.(2004). The two western cultures of privacy: Dignity versus liberty. *The Yale Law Journal, 113*(6), p.1153.

이민영

가톨릭대학교 법학과 교수다. 성균관대학교 법학과에서 학·석사 과정을 거쳐 "정보매체의 규제법리에 관한 연구"로 법학박사 학위를 받았다. "미국 AI 행정명령의 라벨링에 관한 연구"(2024), "AI콘텐츠 표시 입법동향과 그 시사점"(2024), "법집행 목적의 안면인식정보 처리에 관한 법제 연구"(2023), "지능형 안면인식기술로 처리되는 개인영상정보의 규율에 관한 법제연구"(2023), "지능형 CCTV 운용에 따른 개인영상정보 보호의 쟁점"(2022), "전자청원의 제도적 현황과 규범적 현안"(2021), "「개인정보보호법」에 규율된 합리성 심사의 합리적 이해"(2020), "딥페이크와 여론형성: 알고리즘의 권력화와 탈진실의 규제담론"(2020), "미국 통신재난 대응법제의 시사점"(2019), "정보환경의 변천에 따른 개인정보 보호정책의 헌법합치적 본질성 반추"(2018), "정보통신서비스 제공자에 관한 법적 고찰"(2018), "주민등록번호의 입법목적 정당화에 관한 법제연구"(2017) 등의 학술 논문을 한국학술지인용색인(KCI) 등재학술지에 게재했다. 국가인권위원회 정보인권특별전문위원회 비상임위원을 지냈으며, 개인정보보호위원회 개인정보정책국·방송통신위원회 이용자보호국·한국인터넷진흥원 개인정보보호본부·한국정보화진흥원 개인정보보호기획부·중앙인사위원회 인재관리자문위원회·행정자치부 전자정부본부·정보통신부 정보보호기획단 등 주요 기관에 대한 개인정보 법제 및 정책 자문 활동을 이어 왔다. 저서로는 『정보인권의 규범구체화』(2013), 『컨버전스와 미디어법』(2008), 『개인정보법제론』(2007) 등이 있다.